U0452477

给孩子的
财经小课

孙明展 著

南方日报出版社
中国·广州

图书在版编目（CIP）数据

给孩子的财经小课 / 孙明展著. —广州：南方日报出版社，2023.8
ISBN 978-7-5491-2668-2

Ⅰ.①给⋯　Ⅱ.①孙⋯　Ⅲ.①经济学－少儿读物　Ⅳ.①F0-49

中国版本图书馆CIP数据核字(2022)第248237号

GEI HAIZI DE CAIJING XIAOKE

给孩子的财经小课

著　　者：孙明展
出版发行：南方日报出版社
地　　址：广州市广州大道中289号
出 版 人：周山丹
责任编辑：张　高　周丹丹
责任技编：王　兰
责任校对：阮昌汉
装帧设计：梁春薇
插图绘制：黄　文　温安娜　郑松冰
经　　销：全国新华书店
印　　刷：广州市岭美文化科技有限公司
开　　本：787mm×1092mm　1/16
印　　张：10.5
字　　数：150千字
版　　次：2023年8月第1版
印　　次：2023年8月第1次印刷
定　　价：68.00元

投稿热线：（020）87360640　　读者热线：（020）87363865
发现印装质量问题，影响阅读，请与承印厂联系调换。

前言 Preface

一开始，我并非以写书为目的，做一门财经小课的想法源自 2020 年新冠疫情前的一时兴起。此前，我已经做了一门儿童财商课程，觉得"财商"涉猎的范围过于单一，并非我真正兴趣之所在，也很难将孩子引入更深之思考。我日常喜欢跟大儿子讨论财经问题，也很想把这种思考方法，变成线上课程，让更多孩子受益。疫情三年，我的财经小课也更新了三年。

本书选取了"给孩子的财经小课"中以经济学方法论思考世界的部分内容，结集成册。这不是一本系统的框架性的经济学教材，不是某个知名经济学者的科普著作，也不是财经评论，聚焦当下最热门的财经时事。我想教给孩子的，是如何用科学理性的思考方式剖析日常经济现象，如何用人文精神做出最有利于人类未来的选择。

科学理性的思考方式

所谓科学理性的思考方式，用大白话解释，就是"遇事要说理"。在现实世界和网络世界，讲理越来越难。纷繁复杂的世界，没有非黑即白的标准，每个人都有自己的立场和观点。如果不保持理性，就很容易变成偏执狂暴的"键盘侠"，也会被他人观点所裹挟、误导，无法保持思想的独立。

说到跟财经、财富、商业相关的现象，更是如此。

现在是短视频的时代，即使是成人，也会感慨：这些做短视频的人，一定赚了很多钱。吐槽、抱怨、感慨不是理性，我要带领孩子去追问：免费短视频，为什么会赚钱？"免费"，作为一种营销方式，是如何在这一百多年里成为主流的商业模式的？做"免费"短视频的网红，又是凭什么走红？很多孩子都想成为网红，那么成为网红需要具备什么样的能力？

除了短视频，现在也是"游戏时代"。在许多父母眼里，打游戏是洪水猛兽，是挑战亲子关系的定时炸弹，做游戏的公司也成了众矢之的。但是，我们要追问的是：电竞比赛是正式的体育比赛，电竞行业是国家鼓励发展的行业，打游戏和电竞的关系如何？应该如何衡量自己是否适合游戏行业？如果不会好好说理，就只能大人孩子骂成一团了。

后疫情时代，很多地方都发消费券去鼓励消费。究竟该直接发钱，还是发券，是民众和经济学家、地方政府各执一词的话题。我们应该如何去思考各方立场？在批判性思考后，如何提出自己的观点？

当经济遇到困难时，该不该多印钱去刺激经济？钱是什么？货币是什么？印钱有什么好处和坏处？印钱的连锁反应是什么？过去曾经因为印钱而引发过什么类型的危机？这些危机如何成为处理当下问题的经验教训？看起来很简单的问题，都需要复杂的推理过程。

讲理，本质上就是用逻辑去思考。逻辑，是现代科学存在的基础。

现代科学萌芽于古希腊时代。它从几条简单的人类共识起步，通过复杂的逻辑体系，推出复杂定理和牢固无比的新科学体系，从而改变人的认知，改变世界。这就是理性的光辉。

现代的经济学，也是建构在"理性精神"之上。我的财经小课，希望用逻辑思维的方式，抽丝剥茧，剖析评判现实生活中的经济现象。这虽然不是系统的学科训练，但却能在思维方式上带给孩子不一样的感受，有别于经济学知识的普及和热点财经新闻的收集或点评。

选择积极　选择相信

在理性分析的同时，我希望孩子们不要忘记人文关怀。

经济学家，大多是一群希望世界变得更好的学者。只不过针对世界到底如何才能变得更好的问题，大家选择了不同的价值观。孔老夫子说过，"不患寡而患不均"（见《论语·季氏篇·季氏将伐颛臾》）。意思是，大家都穷，没关系，只要财富平均就好了。这体现了经济学中的一个原则——公平。

也有经济学家认为，只有公平，没有效率，大家一起陷入贫困，这是对人类最大的犯罪。他们观点不同，但都是在思考——究竟人类社会朝哪个方向发展会更美好？

经济学并不能给出终极答案。对经济学深层理念的追寻，就好像科学家去寻找欧几里德平面几何体系中的公理一样，公理本身无对错，看你选择相信什么——如果我们选择了积极向上，未来就会更美好，可以建构出完全不同的世界观；如果我们选择的不是向善，世界就会坍塌。

选择相信的背后，是每个孩子能够对人类社会何去何从有独立的人文思考。一个能理性进行逻辑推理、能辨别是非、有人文关怀的孩子，就算没有学完经济学原理，也依然是一个有经济学素养的人，未来可期。

逻辑理性和人文关怀，是我希望在孩子心中种下的两颗种子。期待家长可以陪伴孩子阅读本书，把这两颗种子深深植根于孩子的心中。

孙明展

2023年2月

第一课 ◆ 总论　　　　　　　　　　　　　　　　　　*1*

1. 模糊的"财经"　　　　　　　　　　　　　　*2*

2. 属于孩子的经济视角　　　　　　　　　　　　*4*

3. 一次从生活出发的经济巡礼　　　　　　　　　*8*

第二课 ◆ 日常行业的经济学视角　　11

1. 权衡取舍：玩电竞，还是好好学习？　　12
2. 边际陷阱：炒鞋真是门好生意？　　17
3. 激励效应：免费视频的商业逻辑　　22
4. 风险得失：报辅导班也会踩坑　　26
5. 资本流动：金融离钱近易赚大钱？　　31
6. 生产率：决定生活水平的根本　　35

第三课 ◆ 有没有永远的富国和穷国？　　41

1. GDP：它是衡量一切的指标吗？　　42
2. 回归市场：为什么国家要凑假期？　　47
3. 储蓄投资：中国人爱存钱，是好事吗？　　52
4. 人口下降：为什么经济学家着急？　　58
5. 货币增发：多印钱，能让大家都变富？　　63
6. 恶性通胀：有的国家多印钱，坑了国民　　70

第四课 ◆ 既要效率又要公平？　　　　　　　*75*

1. 教育：为何要关注贫困人群？　　　　76
2. 税收：国家为什么要收税？　　　　　80
3. 富人税：有钱就要多纳税？　　　　　85
4. 医保：让家庭不再因病返贫　　　　　90
5. 救市：为什么不直接发现金而是发消费券？　94
6. 养老金：老人不上班，为何有钱拿？　97

第五课 ◆ 我的钱 我能不能作主　　　　　　*103*

1. 我的财富：从纸红包到电子红包　　　104
2. 三分法：压岁钱怎么管，爸妈才放心　108
3. 收入与开支：和爸爸妈妈开口谈钱　　114
4. 借贷与信用：我该不该把钱借给同学？　119
5. 家务价值：妈妈不上班，对家里有没有贡献？　125
6. 奋斗 OR 躺平：富豪捐了几百万还遭骂？　130

第六课 ◆ 没有绝对理性的人　没有完美世界　　135

1. 损失厌恶：零花钱多了，为什么我不开心？　　136

2. 当下享乐偏好：说好去学习，一玩游戏就停不下来　　140

3. 过度自信：我就是股神　　144

4. 喜欢就要拥有：想当机长就要买飞机？　　147

5. 幸福的经济学：钱越多就越幸福吗？　　151

后　记　　156

总论

第一课

从最熟悉的生活切入，你们会发现，经济不仅是一些表面与你无关的宏观数据，它就在你的身边，就是与你相关的工作、消费和环境本身。

跟着我走进细碎的生活，尝试用硬核的经济学知识分析，开启新的思维方式。

模糊的"财经"

财经是我们经常听到的一个概念。在中央,有"中央财经委员会"这样的决策部门;新闻媒体中有"财经新闻",电视台有"财经频道";大学里有专门的财经大学、财经专业……

财经,涵盖范围广,涉及生活方方面面,但财经究竟是什么,似乎又是模糊的。一般而言,财经,主要指一个国家的财政、金融、经济。

财政与金融

财政,顾名思义就是"理财之政",是一种以国家为主体的经济行为,政府通过集中一部分国民收入,用于满足公共需要的收支活动,以达到优化资源配置、公平分配及经济稳定和发展的目标。国债的发行,就是很鲜明的例子。

金融,是指货币流动产生的价值。金融业主要包括银行业、证券业、保险业等。金融交易的频繁程度,是衡量一个地区繁荣程度的重要指标。

"经济"又是什么

"经济"一词在东晋诗人陶渊明生活的时代就已经出现。当时,它的意思是"经邦济世""治国平天下",与现在所言之"经济"不一样。

现当代语义下的"经济",是一个外来词汇,清朝晚期从日本引入。当时，日本掀起工业革命，大量吸收西方文化，翻译西方书籍。日本人把英文中的"Economics"翻译成"经济"，该译法最早出现在1862年出版的一本日英辞典上。1902年，梁启超发表《论自由》，把日文转译的"经济"（Economics）一词翻译为"生计"，意为谋生的方法，非常接近Economics一词的原本之义——管理一个家庭的人。

西方学者对Economics概念的描述也很笼统，美国著名经济学家曼昆在《经济学原理》中这样解释：

"经济只不过是生活中相互交易的人所组成的群体而已。"[1]

"我们从讨论个人如何做出决策开始，然后考察人们如何相互影响。所有这些决策和相互影响共同组成了'经济'。"[2]

这个说法听起来比较学术化，有点拒人于千里之外。从学科的角度，经济学变得越来越复杂。传统经济学一般分为微观经济学和宏观经济学。前者研究"家庭和企业如何做出决策，以及它们如何在特定市场上相互交易"；后者研究"整体经济现象"。

无论是微观经济学还是宏观经济学，都不得不与曲线图、大量GDP统计数据、K线图、汇率相联系，成人世界对经济的认识，更多集中在股票、基金涨了多少个点，每年GDP增长多少，通胀多少等。

但是，这并不是经济的全部，回归到梁启超先生的翻译——"生计"，我们可以更平实地理解"经济"，它和每个人的衣食住行相关，与工作、生产、消费、环境相关。

---

[1] 曼昆. 经济学原理（第7版）：微观经济学分册. 梁小民，梁砾，译. 北京：北京大学出版社，2015：4.

[2] 曼昆. 经济学原理（第7版）：微观经济学分册. 梁小民，梁砾，译. 北京：北京大学出版社，2015：14.

属于孩子的经济视角

经济真的离你们很远吗？回归到你们的生活去思考吧。

学生有没有想过，父母帮你们报辅导班和兴趣班时，也会踩坑？预交的学费，可能因教育机构跑路而无法追讨？这背后的金融骗局，为什么流传百年依然盛行？为什么永远有人上当？

时尚的年轻人都喜欢穿球鞋，为什么有的球鞋一双两三百元，有的却几千上万元？为什么限量版球鞋一鞋难求？炒鞋真的是一门好生意吗？

每年五一和十一假期，国家都要调休，这个做法争议很大，有的家庭兴高采烈去旅行，有的却抱怨不如不放。为什么要凑假期？为什么说这曾经是一个改变中国经济的决定？

有的妈妈工作是全职照顾家庭，为什么做家务作为劳动的一种，却不被计入GDP？GDP作为衡量一个国家经济发展水平的常用标准，它有什么样的局限性？

…………

当我们从你们最熟悉的生活切入，你们会发现，经济不仅是一些表面与你无关的数据，经济就在你的身边，它就是你的社会生活本身。

虽然经济是你细碎的生活，但我的私心却是，将硬核的经济学知识穿插其中。

当讨论电竞与玩游戏时，我希望你们能理解权衡与取舍；

当讨论炒鞋是不是一门好生意时，我会讲到边际效应；

当聊到报辅导班、报健身课程也会踩坑时，我会试图让你去了解风险的概念；

当说到具有争议性的长假问题时，我会讲到经济变迁，回归市场的重要性等……

我尝试把反常识的经济学原理贯穿其中。

稀缺性与取舍

人天生是不知足的，我们经常听到"既要，又要"的想法。经济学是研究稀缺性的科学，几乎所有经济学课本的开端都会阐明这一点。这个世界的资源是稀缺的，凡是要得到一样东西，必会失去一样东西，或者说凡事都是有取舍的。这就是经济学最重要的根基所在。

我们日常生活中经常看到的各种骗局，恰恰就是利用大众"既想要收益，又不想冒风险"的心理行骗。如果受过经济学训练，就知道一切都有取舍，例如国家的某个政策，或关注公平，或关注效率。效率让有钱人更有钱，公平却会让全世界的弱势群体受到关注。过于关注弱势群体，社会会充斥懒惰之风，也就没有了效率，"既要，又要"非常难以平衡。

边际收益

凡事有取舍，我们要有理性的思考维度。理性思考往往反常识。我们平常思考一件事，通常会考虑取舍成本多高，习惯思考平均成本和总成本；计算收益时也是一样，喜欢计算平均收益或总收益，正常情况下，我们总是希望收益高于成本。

钻石给人类带来的总价值，远远低于水带来的总价值。即便所有钻石都消失，人类不会受任何影响；如果水消失了，人类就不能生存。但是为什么我们会觉得钻石昂贵，而水很便宜？为什么我们会为钻石付出高成本？显然不是总收益在起作用。这中间就涉及到一个非常重要的概念：边际收益。

> **边际收益**
> 增加一单位产品的销售所增加的收益，即最后一单位产品的售出所取得的收益。

稀缺的事物，尽管带给我们的总收益少，但是每多一个单位，会让人感觉到增加的收益特别多。假定世界上有1万万万万万万万吨的水，虽然总价值很高，可是多1克少1克，我们并不会感觉收益有多大波动。

钻石不是刚需，但每颗钻石感觉都特别昂贵。基于这种稀缺性，才有了各种对钻石的炒作。

年轻人喜欢炒鞋，也是这个原理。如果你要想真正理解炒鞋行为，就不应该从鞋的总收益或者平均收益去思考，而是要考虑因稀缺性造成的边际收益的增加，这才是限量版球鞋受追捧的原因。

免费的激励

世界上没有免费的午餐，这是常识。可是有一些行业却让我们感到奇怪，为什么某些免费的互联网产品，却创造了巨大的商业奇迹？为什么我们看视频不付费，却让那么多网红赚得盆满钵满？

人类的行为模式，很容易因为外界奖励而发生改变。过去我们要娱乐，需要花钱看电影，等到春晚看小品，待在家里看电视。现在只要拿着手机，就能随时随地看免费视频。

当免费成为一种激励，我们习惯在此消耗时间。当我们对免费视频做出反应，生活模式随即改变，就会带来巨大的商业价值。如同当年，洛克菲勒的标准石油公司在中国免费送油灯，中国人习惯了油灯的明亮，就再也忍受不了蜡烛的昏暗，从而不得不为买灯油而付出更高的成本。同理，当多数人的生活方式变成刷手机、看免费短视频，就不得不承受免费视频"附赠"的广告。

机会成本

当你以为做免费视频的人能够瞬间暴富、人人都能成为网红的时候,就又犯了另外一个错误。要想成为网红,他们付出的成本远超你的想象。网红大多有一技之长。如果你忘记了这一点,以为投入一点时间就能成为网红,这种想法会让你付出代价。你不要以为拍视频没有成本。你的时间原本可以用来学知识,但你没有学。你付出的成本就是你原本可以在正规教育中所获得的收益。

> **机会成本**
> 为了得到某种东西而必须放弃的东西。

当我们看到一个表面光鲜亮丽的职业,应该考虑的是,你加入这个职业,到底会丧失掉什么机会?我们可以学习比尔·盖茨,从哈佛辍学去创业,但是更应该去思考:在大学随便创业,我们付出的机会成本是什么?

当然,经济学的原理还不止这些。当你们看到这些概念时,大可不必惊慌失措。即便经济学的本科毕业生,也未必能搞清楚来龙去脉。之所以谈到这些基本知识点,是希望首先为大家呈现出经济学家思维方式的独特有趣之处。

一次从生活出发的经济巡礼

所谓经济学原理，只是讨论的背景，我们可以不求甚解。你只要跟着我的脚步，开启一种新的思维方式，就够了。

在接下来的课程章节，我首先会带着你们在空间上进行拓展。在第二课中，我们学会关注身边的日常小事，以经济学原理的逻辑去尝试分析和思考，进行初步训练，感受人生无处不经济。

随着思维的拓展，我们在第三课会接触国家宏观经济政策，尝试把国家想象成一个人，想象成一个家庭。它与别的人、别的家庭发生关系时，思考的方式只不过是扩大了经济学原理适用的范围。由此，我们开始理解国家为何制定这些经济政策，为什么国与国之间会有如此复杂多变的现代政治生态。

第四课，我们把视角放至全人类，如何在博弈中保护自身利益，同时也保障他人利益，如何用经济学思维让全人类的生活变得更好。这是一个永远不可能达到，但是我们心中期待着的理想国。

空间扩展之后，我们在第五课回到时间维度。对于个人和家庭，经济学的思维能不能洞穿时间？我们如何在驾驭自己有限的资源（时间与财务）时，在人生终点达到个人与家庭利益的最大化？

最后在第六课，我们将回归内心。每个人都有情感，情感本身与经济学的"理性人"假设相违背，由此产生很多新的问题。行为经济学，结合了心理学和经济学的原理，重新审视人类每一次不理性行为背后的经济学规律。

至此，本书带领大家完成了一次巡礼，从微观到宏观、从古典到当代的行为经济学。同学们读完这本书，肯定不会觉得枯燥，当然也不可能学得很精深。希望这次巡礼，能够让你们开始理解经济学思维是如何一步步改变人类，改变着国与国之间的关系，而且这种改变还将持续下去。

经济是我们的现实生活，经济学如此重要，不能在成年之前对它置之不理。年轻人要努力成为一个具备经济学素养的现代人，成为在现实生活和未来世界都游刃有余的个体。

日常行业的经济学视角

◆ 第二课

对于孩子来讲，经济学最关注的就是身边看到的各行各业。过往三年，我课堂上的孩子提出的问题，基本集中在身边的各行各业，尤其是抢占头条的电竞、网红、短视频、炒鞋、金融等行业。我们将从这些问题出发，透过现象看本质。

前面提到的经济学原理，都是关乎个体面对复杂的经济环境，如何做决策的规律。每一个行业都是由人组成的：商家、老板、员工、消费者，这些个体复杂的决策中，有些行业能赚钱，有些行业不能赚钱。用经济学原理透视热门行业，是一件很有意思的事情。我们马上出发吧！

权衡取舍：玩电竞，还是好好学习？

现在的孩子大多数都爱玩游戏。尤其是一些男生，一玩就停不下来。这是时代的特点。一位多年好友的儿子，此前一直很乖，到了中学突然爱上游戏，立志投身电子竞技行业（以下简称"电竞"）。好友惊恐地求助我：如何劝儿子"回头"？

自娱自乐打游戏的人，只能叫普通玩家；游戏业还有职业玩家，甚至职业选手，能靠打游戏比赛拿奖金，这才属于电子竞技。2019年，福布斯中国推出30岁以下精英榜，600人中有8人是职业电竞选手，他们都是游戏圈的超级明星。

边玩游戏边赚钱？兴趣与职业两不误，我们可以做出这样的选择吗？别急，先了解这个行业。

电子竞技行业的诞生

狭义理解的电竞，就是打电子游戏的职业比赛，把电子游戏作为比赛载体进行能力比拼。

史料可考的电子游戏鼻祖《西洋跳棋》，诞生于1951年。该游戏由英国编程语言专家克里斯托弗·斯特雷奇编写。当时他设计游戏也不是为了玩，是为了测试电脑的人机交互性能。

20年后，家用电子游戏机才出现，电子游戏从测试电脑性能的工具变

红白机

成娱乐方式，进入人们的生活。

说到电子游戏行业，必须要提到日本公司任天堂。它于 1970 年后期进入游戏行业，一步步发展成游戏行业的传奇公司，与索尼、微软并称电子游戏行业三巨头。目前，三巨头中，只有任天堂还专注于游戏行业。

任天堂出品了很多游戏机，包括现在依然火热的 Switch。

任天堂旗下有一款非常经典的电子游戏机——1983 年推出的红白机，即任天堂第一代家用游戏机。1986 年，美国一个著名电视频道，直播了两个孩子用任天堂红白机进行比拼，业内公认这是电子竞技行业的雏形。

1990 年，任天堂在美国 29 个城市举办了红白机游戏比赛，这也是历史上第一个正式的电子游戏比赛。

2000 年，首届世界电子竞技大赛（WCG）正式诞生，此后每年举办一次联赛，主办方提供丰厚奖金，吸引世界各地的电竞选手参加比赛。

游戏行业及电子竞技行业[①]发展到今天，不过几十年，发展速度却令人咋舌。预计到 2025 年末，电子竞技观众数将达 6.4 亿人次。

---

① 2022 年底，游戏领域研究机构 Newzoo 的数据显示，全球游戏市场收入在 2022 年继续增长，达到 1968 亿美元，同比增长 2.1%。2022 年全球游戏玩家的数量达到 32 亿人。全球电子竞技产业在 2022 年末创造了 13.8 亿美元的营收。全球电子竞技观众人数达到 5.3 亿人次，中国是全球最大的电竞市场。

幸存者偏差：电竞选手赚钱多

随着游戏行业的发展，电竞业和电竞选手受到关注。人们会有一种错觉：电竞选手年纪轻轻就能赚大钱。

电子竞技行业，是游戏和体育竞技两个行业的交叉领域。2017年，国际奥林匹克委员会公开承认，电子竞技是一项正式运动。

电竞选手主要收入来源是比赛奖金和广告收入，能拿到多少取决于选手的成绩。成绩顶尖的选手，瓜分奖金中的最大头，年入百万没问题；但奖金差距很大。2019年全球电竞Dota2游戏比赛的总奖金是2.1亿美元，获得第一名的丹麦选手奖金高达689万美元。但是总参赛选手多达3357人，平均每个选手的奖金仅6万多美元。

每一个电竞选手，都要付出时间精力进行训练，还要耗巨资购买比赛装备和训练服务。如果成绩不好，显性和隐性成本加起来，远高于获得的奖金。有调研数据显示，四成中国电竞选手的收入比当地平均工资低。

人们之所以觉得电竞选手个个赚钱多，是因为社交媒体报道的都是在千军万马挤独木桥一般的惨烈竞争中幸存下来的顶尖电竞选手；没有出人头地的职业选手，早就已经淹没在茫茫人海里。这就是**幸存者偏差**。

有人统计过，当职业电竞选手比考上"清北"还难。

首先，职业电子竞技和其他竞技类体育项目一样，需要竞赛者有敏捷的思维、过硬的心理素质和闪电般的手速。所谓手速，是以每分钟操作鼠标键盘的次数计算的。即使是要求较低的游戏，对职业选手的手速要求也在120次/分钟以上，而普通人连100次/分钟都很难做到。

其次，职业电竞选手的选拔门槛很高、训练强度极大，每天要进行十几个小时的高强度训练，每周起码训练6天。人越长大，生理反应速度越慢，职业电竞选手的选拔对象普遍要求年龄在 15—19 岁[①]之间。

前几年，某游戏陪练平台和职业俱乐部合作的青年训练营招募，共有 10 万人报名，但正式入选俱乐部接受试训的只有 10 人，是真正的万里挑一。

> 以经济学的视角看世界

游戏和学习，如何取舍？

经济学有两个基本原理，一是人们必然面临权衡取舍，二是做决策要考虑机会成本。

电竞选手吃的是青春饭中的青春饭，这一阶段也是学习知识的黄金时期。从经济学角度看，在酷爱的游戏和好好学习之间，我们应该如何取舍？这需要好好分析。

首先，好好学习的收益是，可能考上好大学，收获知识和未来的工作机会。成本是什么？可能是用来做其他喜欢事情的时间，如打游戏，当电竞选手。

如果你有极好的成为电竞选手的天赋，我认为短期内放弃学习，在十八九岁的黄金时期全力以赴训练无可厚非。好好学习是为了未来有一份好工作，有好的发展；你成为一名电竞明星，未来也会有好的发展前途，值得尝试。

如果你并非拥有极高的天赋，就要好好衡量收益和成本了。一个普通的电竞选手，成绩不好、名气不佳，学生时积累的专业知识又不够，退役之后前途堪忧。当然，你是否具有从事电竞行业的天赋，不应该由父母或你自己评价，应该交给专业人士来评估。

[①] 2021 年，国家新闻出版署下发《关于进一步严格管理 切实防止未成年人沉迷网络游戏的通知》，各顶级联赛随即对电竞选手年龄提出限制，要求年满 18 岁方可上场。

另外，因为长年高强度训练，80%的年轻职业选手面临各种健康问题：因压力大、饮食不规律、熬夜而导致的糖尿病、肥胖等疾病。

进行收益和成本的权衡时，我们会发现，当电竞选手的成本可能是，没有在学习的黄金时期积累知识以及付出身体健康的代价。权衡之后，我们有另外的选择：

电子竞技毕竟是一个大行业，产业链庞大，除了职业电竞选手以外，还会涉及电竞游戏的设计制作、赛事推广运营、赛事裁判、赛事主持和解说、俱乐部运营管理者、职业经纪人等，都是很缺人才的职业方向。

如果是大牌选手，退役后还能凭借人气和荣誉赚钱，进入这个行业的其他领域。普通人想进入电竞行业庞大的产业链，仅凭喜欢打游戏并不够，还要学习其他专业技能，例如设计、运营、管理、主持等，这些往往是在高校里才能学到的专业课程。

电竞行业并非一个短期赚快钱的行业。像任天堂这种游戏巨头，经过数十年发展，才确立龙头老大地位。腾讯、网易等大型游戏公司，也有无数游戏从业人员夜以继日地工作。

如果你们有志于将来从事游戏行业，我建议你们要有长线思维，从现在开始学习其他的专业技能，平衡时间精力，一味沉迷游戏并不理智。

边际陷阱：炒鞋真是门好生意？

2020 年初，发生了一件让全世界球迷都非常心痛的事情，篮球巨星科比[①]因直升机失事去世。

这位伟大球员去世后，全世界球迷以各种方式悼念他。他代言的篮球鞋价格暴涨，有些翻了十几倍，最高卖到 2 万多元一双。

球鞋我们每天都穿，普通球鞋售价几十到几百元不等，科比代言的篮球鞋为什么卖到几万元，都有人愿意买单？

AJ1：球鞋文化的起源

说起球鞋文化，不能不提一个人——"飞人乔丹"（Michael Jordan），他是举世公认的篮球史上最伟大的球员[②]。

1984 年，乔丹出道不久，当时还是小厂家的 Nike 就签下乔丹当代言人，专门为他设计了 Air Jordan 系列球鞋，这就是现在赫赫有名的"AJ"。

第一代 AJ 鞋 Air Jordan 1，简称"AJ1"。当时，NBA 有全队穿着统一的规则，乔丹所属的芝加哥公牛队，球鞋有 51% 的面积是白色的，但

---

① 科比是美国 NBA 的传奇球员之一，绰号"黑曼巴"，19 岁成名，2016 年退役，职业生涯中总共获得了五次 NBA 总冠军，2 次 NBA 总决赛最有价值球员奖。

② 乔丹 1963 年 2 月 17 日生于美国纽约州布鲁克林，前美国职业篮球运动员，曾率领芝加哥公牛队获 6 次 NBA 总冠军。2003 年退役。

给孩子的财经小课

AJ1 却是黑红色的。Nike 公司为了让乔丹穿 AJ1 上场，居然每场球赛主动替乔丹交纳 5000 美元的罚款。

这件事让年轻球迷沸腾了：原来 NBA 的规则可以被打破，坚持自我是 OK 的！这和当时美国流行的嘻哈文化[①]的反叛精神不谋而合。

AJ1 球鞋开始被年轻人狂热追捧，当时甚至出现穿 AJ1 出门被当街抢劫球鞋的案件，有人更因此丢掉性命。AJ3"黑水泥"发售时，AJ 鞋已经火遍全球，几乎所有明星都穿过它。"黑水泥"前后发售过 6 次，2011 年发售时，一双售价 160 多美元（时价约 1000 元人民币），从发售几天前开始，店外就排起等候买鞋的长队，开售几分钟球鞋即售罄。

随后，当时世界最大的电商网站 eBay 上，很快出现几千双"黑水泥"，以原价两三倍的价格售卖，炒鞋风潮开始蔓延到全球。

"炒鞋"在中国

买球鞋不是为了自己穿，而是为了以更高的价格卖给别人，赚中间的差价，这种行为被称为"炒鞋"。万物皆可炒，"炒股"也是同理。

◆ **炒鞋的流程**

当有一款限量版球鞋或者明星联名球鞋发售时，人们会提前在球鞋专柜前排队领号（现在是在网上抢号）抽签，中签才能付款买鞋。

为增大中签可能性，鞋贩子会雇人排队或抢号。买到鞋后，鞋贩子就会把鞋挂到专门炒鞋的网站或 App 上高价卖出。

中国年轻人对球鞋的喜爱，要从 1986 年中国开始转播 NBA 球赛讲起。

---

① 嘻哈文化，英文 Hip-Hop，街头涂鸦、跳街舞、玩滑板、说唱、穿超大的上衣，都是嘻哈文化的表现形式。嘻哈文化倡导的是追求个性、自信，坚持自我，不轻易妥协和改变，深受年轻人欢迎。

当时，他们也疯狂迷上乔丹和他脚上的 AJ 鞋。一位鞋店老板说，当时很多十几岁的学生没钱买限量版球鞋，每天会结伴走很远的路来他的店里，只为远远地看 AJ 鞋一眼。

2011 年，美国炒鞋现象波延全球，那时中国的球鞋文化和炒鞋行为还是少人问津。近几年却不再小众，潮鞋品牌成为日常话题，球鞋文化为什么能"出圈"？

无论是买鞋还是炒鞋，球鞋文化的主力八成是年轻人，多数是 00 后。父母有一定经济实力，可以支持他们在爱好上花钱。00 后喜欢篮球运动，他们喜爱的明星，也是篮球和球鞋爱好者。受此影响，他们更容易接受球鞋文化及相关的嘻哈文化。

这个圈子的同好有共同的名称——Sneaker，原意为运动鞋，现在也指喜爱球鞋文化的人。用球鞋显示个性，是 00 后的时尚，甚至一度成为年轻人的通行"货币"。球鞋品牌的供应量也越来越大，以前是 1 个月出 1 款，后来 3 天 1 款，能满足更多人的需求，球鞋文化影响更大。但购买限量版球鞋还是要抽签，想收藏的人买不到，就会想加价从别人手上买，炒鞋市场在中国出现。

更多人看到商机，也开始参与炒鞋。一双原本只卖几百、上千元的球鞋，经过商家的推波助澜，可能会卖到上万元的天价。2019 年 8 月，某球鞋交易平台公布数据，26 款热门球鞋一日成交额合计达到 4.5 亿元。新闻中也常报道，95 后或 00 后靠炒鞋月入一两万甚至几万。只要倒个手，鞋子就能至少翻倍地卖出去，炒鞋真这么容易赚钱吗？

球鞋

当然不是，鞋的价格波动太大，炒鞋经常会炒"糊"。曾经有新闻报道，一个大学生炒鞋，第一年赚了10万元，生意做得不错。第二年他发现，鞋价实在涨得太快，顾客预付给他的原价货款，发货时已经买不到顾客要的鞋了。可是做生意不能说话不算话，他想了个办法，用新顾客付的钱，补上老顾客的差价，不断拆东墙补西墙滚雪球，累计欠了1000多万元的债，最后锒铛入狱。

球鞋的边际收益

以经济学的视角看世界

"炒"是金融领域的一种投机行为。但凡能被人收藏的，都会有人炒，炒红木家具、炒茶叶、炒古董、炒钻石，年轻人喜欢炒鞋，也不奇怪。

"炒"的本质，可以用边际分析法去理解。无论是鞋、茶叶、大蒜，还是红木家具，它们对于人类的总价值，都不比食物和水高，甚至比不上日常衣物，因为它们不是生活刚需。

由于商家人为造成的稀缺性——"限量销售"，球鞋的消费者误以为"买一双少一双"，以为球鞋的边际收益会越来越高。

实际上，商品是否越来越值钱，取决于两点：

第一，它是否真的具有稀缺性。即使是钻石，现在也有观点认为，它的稀缺是商家"饥饿营销"给消费者的错觉。连钻石的稀缺性都遭人质疑，球鞋的稀缺性是否更不靠谱？因为它的价格实际上受控于少数品牌商。

第二，它的总价值是否牢固。食物与水是人类刚需，但鞋的价值、红木家具的价值，取决于人为判断、人的喜好。一旦喜好产生变化，它们的价值也会产生巨大的变化。

很多炒作行为最终惨淡收场，可能就是因为该商品并非真正具有稀缺性，总价值并不牢固。如果品牌商的"限量版球鞋"只是营销噱头，当存量大增，球鞋的边际收益马上会下降，炒鞋者之前囤的球鞋就会变得没有价值。

如果你真的喜欢球鞋文化、热爱某个球星，你力所能及地收集限量版球鞋，这无可厚非，也会给你带来人生幸福感。但是，如果你只是为了球鞋升值而炒卖，你需要慎重评估它的收益，这说不定是一个随时崩塌的陷阱。

激励效应：免费视频的商业逻辑

内蒙古 9 岁的明泽同学，在手机上看到了一段其他小朋友日常生活的视频，内容有趣，得到了很多的赞。家人感叹，这条视频流量这么大，肯定赚了很多钱。

明泽觉得奇怪：我看视频也没花钱，做视频的人到底是怎么赚钱的呢？

如今，我们的生活中处处有"免费经济"：免费游戏、免费网课、免费音乐、免费小说……免费内容到底如何变现？

免费视频的极致

我很喜欢一个做数码产品测评的千万粉丝 up 主，他的 ID 叫"老师好我叫何同学"。"何同学"是北京邮电大学国际学院 2017 级电信工程及管理专业的学生，他大一时开始拍摄数码设备测评的视频，上传到 B 站分享，他的第一条视频发布于 2017 年 10 月。

刚开始两年，拍视频的硬件投入很大，一个数码装备动辄几千元，对于经济没独立的大学生来说，不算便宜。2018 年，何同学拍摄了 18 条视频。他擅长把设备的功能和优势通过镜头去展现，不堆砌晦涩难懂的语言解说。他拍一个创意镜头，经常要连续拍一周，才能达到理想效果。虽然视频免费且制作精良，但何同学并没有马上"火"起来。2019 年，5G 网络成为热点，何同学做了一期 5G 科普视频，全网爆火，终于收获了流量。

"流量",是互联网行业常用的术语,指的是在一定时间之内网站的访问量。访问背后往往是活生生的人,吸引了流量,本质上就是吸引了人的注意力。视频免费并不一定能引来流量,内容独特,流量才会暴增。拍视频、写文章、录音频等,本质上都是在生产内容。当大量的人把注意力集中到一条视频上,这条视频就有了商业价值。几乎所有拥有大量粉丝的内容从业者(大V),都会琢磨如何把粉丝注意力转化为消费力。

"羊毛出在猪身上"

互联网内容生产一般并不直接产生收入,而是先获取流量(粉丝),再让粉丝消费内容以外的其他产品或服务。变现过程是间接的——"羊毛出在猪身上"。

流量变现最常见的转化方式有三种:第一种是直接带货卖钱,做电商;第二种则是接其他商家的广告,靠广告费变现;第三种是知识付费。众多的知识科普 up 主除了定期更新免费科普视频以外,有的还开设付费主题课程。后者制作更加精良,知识更系统。

何同学的免费视频爆火后,他的变现方式主要是接广告。2021年何同学发了一条视频,内容是自己以普通升降桌为基础进行设计改造,做了一款随时可以充电的桌子。视频末尾,他给升降桌的生产厂家,上市公司乐歌,打了一个小小的广告。视频发布第二天,乐歌公司的股价上涨 13.51%,一夜之间市值涨了 5.5 亿元。

股价暴涨意味着投资者看好公司的未来,公司后续获得的价值远不止卖桌子的利润,因此,说这条小视频价值过亿元也不为过。

"免费营销"不是新鲜事

"免费"视频吸引流量的营销策略,并不是某个 UP 主,或者互联网公司发明的。

科技与经济观察学者克里斯·安德森（Chris Anderson），写过一本畅销书《免费：商业的未来》，专门阐述免费对商业生态的影响。

◆ "天下没有免费的午餐"

这句话是有典故的。它最早来源于 19 世纪末美国的酒吧。消费者在酒吧买杯饮料，就能得到免费食物，可能是一个三明治，也可能是由几道菜组成的一顿午餐，总之这些免费食物价值高于一杯饮料。

酒吧会亏钱吗？事实上，很多顾客进店后，会点更多酒水或食物。免费食物，相当于现在的免费视频、免费课程，都是引流工具，吸引更多顾客上门，引导其他消费。

虽然是异曲同工，但 19 世纪与 21 世纪的引流方式有本质区别。前者的引流有限，但互联网技术发展到今天，每个人都生活在互联网上，流量级别不可同日而语。何同学当年一条 5G 科普视频，几个月的播放量能达到 2000 万+，影响力非常大。

阿里巴巴的崛起，同样用了"免费营销"的策略。比如 2003 年创立的淘宝网，是第一个承诺对商家入驻免费的电商网站，因此积累了大量商户，成为中国最大的线上购物网站，在中国市场击败了当时世界上最大的电商网站 eBay。商家进驻后，竞争更加激烈，虽然不用付入驻费，但商家都愿意向淘宝网付广告费，以换取更好的曝光位置，淘宝成了中国最赚钱的电商平台。

免费经济可能会创新商业模式，在互联网时代，这一点体现得更为明显。

如何才能成为顶级网红？

如今大家熟悉的短视频平台用户动辄好几亿，只要能联网，拥有一台手机，人人都可以拍视频发视频，为啥不是所有人都能成为"何同学"？就算有人运气特别好，一个点子，偶尔一次火爆吸引大量粉丝，如果持续产生优质内容的能力不足，热度很快就会消退，粉丝也会马上离开。这样的案例在视频平台上数不胜数。"何同学"做事情精益求精，他的专业能力，才是视频火爆的根本原因。

以经济学的视角看世界

短视的人类需要短期激励

理性人对激励会有反应，这听起来是大废话，可是普通人思考问题往往会忽略激励的即时性因素。

家长天天苦口婆心让孩子好好学习，将来找份好工作，没有一点激励作用；但免费视频却能带来当下快感，这种激励就很有用。这是因为作为高级动物，我们人类一般都是短视的，对于当下激励的反应远比对未来利益要敏感得多。

金融学中，也有现货和期货的概念。人对现实和未来的激励有不同反应，各种激励环环相扣的时候，就构成了复杂的人类商业社会。

一个聪明的家长，不会天天讲大道理，讲未来的美好或危机，而是从短期激励入手，从激发孩子兴趣入手。如果能够降低学习的枯燥感，就相当于降低了当下投入；如果让孩子通过兴趣感受到回报，相当于增加了当下激励。痛苦少，回报高，这种激励就更有效。

在商业社会，很多创业公司的商业模式都是用短期激励引发用户行动，然后动态应对行动，再寻找最终实现利益的商业操作。创业是如此，学习也是如此。

4.

风险得失：报辅导班也会踩坑

比你们年长的哥哥姐姐，喜欢说一个词："被社会毒打"。意思是，他们毕业成人后，因为阅历和知识不足，常常上当受骗，才知道生活不易。与其成年后才在社会大学上一课，不如从小了解一些金融骗局和商业套路，培养风险防范意识。

我们从一种最常见的金融骗局——庞氏骗局聊起，它已经流传了100多年，如今仍然盛行。

庞氏骗局的由来

庞氏骗局是以查尔斯·庞兹（Charles Ponzi）的名字命名的。庞兹1882年出生于意大利。21岁时，一心想发大财的他，从意大利漂洋过海移民去美国"淘金"。当时美国境内发现了许多金矿，吸引了来自全世界各地的移民，这就是美国历史上著名的"淘金潮"。

庞兹刚到美国时，身上只有2.5美元，一直干着短期的体力活，没有通过淘金实现暴富。

1907年，庞兹终于进入加拿大一家银行做小职员，发现了赚钱的"秘密"：这家银行的存款利息比其他银行高一倍，大家都愿意在这儿存钱。但是它根本没有什么"钱生钱"的手段，银行支付给老客户的存款利息，都来自于新客户的存款，实际账目亏得一塌糊涂。一开始，存款利息照常支付，

"拆东墙补西墙"的庞氏骗局

因为利息高,就会有人存钱。当要付的利息越来越多,新存款无法偿还之前的利息,银行爆雷,老板跑路去了墨西哥。

今天看来,这家根本就不是银行,而是诈骗机构,这种诈骗模式就是庞氏骗局的基本模式。

1919年,庞兹在美国波士顿设计了一个所谓"投资计划",号称自己可以从欧洲买一种票券,再倒卖回美国,通过两者的差价和复杂的金融计算稳赚不赔。

当时,欧洲和美国货币之间的汇率差距,经过各种复杂操作,确实有可能在倒卖中赚钱。但因为交易跨越两大洲,且当时交通不发达、信息闭塞,很少有人能真正搞清楚是否真的赚钱。

庞兹的"投资计划",抓住人人想暴富的心理,承诺投资后仅需45天就可以获得50%的巨额回报。一开始只有少数人敢把钱交给庞兹。45天后,这部分人真的如约拿到50%的回报,于是一传十、十传百,投资者挤破脑袋。

庞兹开始变本加厉,他承诺只要老客户能拉来新投资,除之前的收益,还会额外给一笔提成。一年后,约有4万名波士顿市民加入庞兹的"投资计划",总投资额高达1500万美元,相当于今天2亿多美元。最疯狂的时候,还有人把庞兹和哥伦布、马可尼并列为最伟大的三个意大利人,说他像哥伦布发现新大陆、马可尼发明无线电一样,发明了快速致富的方法。

实际上,庞兹根本没有什么投资计划,他用骗来的钱买豪华别墅、钻石烟斗、镶金手杖，过上纸醉金迷的生活。早期投资者获得的"投资回报"，只是后来投资者给的本金。好景不长，当初借给庞兹第一笔钱的人，突然向媒体曝光庞兹欠他们的本金不还，直接导致当地政府介入调查，媒体开始关注和报道。庞兹无法接收到新的投资，很快资金链完全断裂。庞兹无力偿还，宣告破产，他的投资者血本无归。

庞兹并不是庞氏骗局的发明者，却是"发扬光大者"。此类骗局也以庞兹的名字命名至今。

◆ **延伸：全世界最大的庞氏骗局**

迄今规模最大的庞氏骗局由前纳斯达克主席伯纳德·麦道夫（Bernard L. Madoff）策划，诈骗规模超过 650 亿美元。

麦道夫用的方法，和庞兹一模一样，包装了一个虚无缥缈的投资计划，却什么事也没做，承诺的收益比庞兹低得多。受他个人光环的蒙蔽，当时全世界光损失超过 1 亿美元的大型金融机构就超过 20 家，血本无归的个人投资者更是不计其数。

麦道夫骗遍了全世界，连自己亲儿子都没放过。最后是他的儿子报案，把他送入监狱，判了 150 年的监禁。2021 年，麦道夫在监狱去世。

华丽变身的庞氏骗局

时至今日，庞氏骗局仍然披着传销或者各类投资项目和平台的外衣，动不动就借尸还魂。庞氏骗局背后是人性的黑暗面。每一个做生意的人都是普通人，他们不免有黑暗面，都希望通过预收款，迅速扩张，占领市场。但是，预收款并不是利润，不是真正赚到的钱；扩张后的生意，成本增加，未必能够盈利。预收款已经花掉，为了填补窟窿，只能通过各种营销手段增加预收款，形成恶性循环。虽然这些机构不是金融集团，却演变成实质的庞氏骗局。

改革开放后，我们曾面临过类似风险，规模最大的，当数房地产行业。大多数家庭买房子要贷款，大多数房地产商要发展也要贷款。发展商，先用自有资金拍地，把房子先盖起来，房子没盖完就开始预售。

某预售的楼盘，有100套房子，每套房子卖100万元，总共1亿元。买家向银行贷款三到四成（三四十万元），还缺60万元。银行根据信用直接贷给买房人，再打给房地产商。这个楼盘可能一个月就卖光了，1亿元到手。但是房子还没有盖好，房地产商为了发展，很有可能会挪用这笔盖房的钱去拿新地，建新盘，再预售……

最后的结果是，盖的房子越来越多，等到最后一批房子没人买的时候，之前的房子有可能"烂尾"。近些年各地楼盘大规模烂尾就是这个原因。幸好政府吸取日本等国的教训，提出"房住不炒"，烂尾风波不至于演变为金融海啸。

除了房地产行业，教育机构和家政公司、健身机构等，也出现过跑路现象，原因同样是预收款、拆东墙补西墙、盲目扩张或经营不善等。

如何让庞氏骗局无生存空间

以经济学的视角看世界

虽然经济学家自己投资也未必成功，但是有了理性的经济学思考，被人骗钱的概率确实会降低。

说来简单，这个世界上的财富增长，在经济学家眼中，是由新创造出来的物质财富决定的。每年的生产力提升，可以用全世界GDP的增长去评价。如果GDP一年就增长了3%—5%，凭什么有人一年可以赚50%呢？答案就是，他赚的是别人的钱，而不是经济增长的钱。

有人赚钱，就一定有人赔钱。我们不妨问一句，到底你是赚钱的那个，还是亏钱的那个？

如果追问到这个逻辑层面，庞氏骗局几乎没有生存的空间。

可是人就是这样。当有人把活生生的赚钱案例摆在你面前，给你一套方法论，你就会不由自主地认为自己找到了财富密码，是收割世界财富的那个"天之骄子"。殊不知，别人向你传授这些技巧的时候，也就是收割你的开始。传销，就是从上层金字塔尖向下收割的过程。

这么简单的问题，如果思考清楚了，大多数人就能远离受骗。但实际上，这件事只属于有理性思考能力的人。希望你们未来能成长为这种人。

资本流动：金融离钱近易赚大钱？

很多父母和孩子，都对金融行业心存向往，觉得在未来金融才是这个世界的最终决定者。他们希望能够学金融，赚到很多钱。作为 20 年的金融行业从业者，我想和大家聊一聊，金融是什么？金融行业指的是哪些行业？从事金融行业是不是很赚钱？

什么是金融？

我先用通俗、简化的方式解释金融这个概念：这个世界上，有很多人或企业用不到的资金，即闲钱。如果闲钱一直放着，不会有收益；这个世界上，还有另外一批人或企业缺钱，他们需要钱来发展、实现目标和梦想。从广义而言，金融体系的基本任务是，把经济中的稀缺资源从储蓄者（有闲钱的人）流动到借款者（支出大于收入者）手上。金融体系由帮助协调储蓄者与借款者的各种金融机构组成。金融机构有两种类型：金融市场与金融中介机构。

金融的三大行业

真正和普通人发生关系的金融中介机构，主要包括三大行业群：银行、证券、保险。如果你未来想从事金融行业，一般就是进入这三大行业群下面的细分行业。

银行业

有一个段子形象解释了什么是银行：

一个孩子问银行家父亲："为什么银行能够挣这么多钱？"

父亲拿出一个盘子，上面装了一大块肥肉，递给孩子："你把这块肉抓到另一个盘子里。"

孩子照做了。父亲问他："你手上是不是留下很多油？"

孩子说："是的。"

父亲说："这就是银行。"

银行以相对较低的利息把公众的钱吸纳进来，再以较高的利息把钱贷出去，赚取存贷差。银行做的生意和其他生意也没什么区别，唯一的区别是，银行交易的商品是——钱。

证券业

证券行业的运作原理也很简单：有人想拿钱去入股某个公司，就要通过证券行业去交易；想上市或者已经上市的企业，可以通过证券行业把投资人手中的钱融到公司，让他们变成自己的股东。这样一来，企业有更多的资金去发展，给股东更高的回报。这就是证券行业基本的工作范围。

金融的三大行业

保险业

我们的收入和支出有时多、有时少，如果突然生了一场大病或遭遇其他意外，收入会大幅减少，这时也是需要融资的时候。为了转移风险，人们在正常情况下，交保费给保险公司；遭遇意外时，从保险公司领回一笔钱，解燃眉之急。保险业聚集了大量的人为规避风险交的保费，这些保费一部分用来投资，一部分理赔给遭遇意外的被保人。

从金融三大行业的描述出发，我们可以看到金融资产的两个主要经济功能：第一，资金转移，将部分的人手中多余的资金，转移到那些需要资金的人手中；第二，风险转移，将风险在资金供求双方间重新配置。

为什么总觉得金融赚钱容易？

日常生活中，提起金融，大家就觉得容易赚大钱。金融为什么会给人这种感觉呢？因为离钱近。

制造行业，开展业务的第一步是付钱，买设备、买原材料都要付钱，还要经过长期的产品开发、生产、销售等环节，才能真正地挣到钱。这个过程很漫长，离钱比较远。

但金融机构不一样，其交易的商品就是"钱"本身。金融机构开展业务的第一步是"收钱"，企业和个人把钱放入金融机构，金融机构还他们一个凭证，如存款证明、股票证明、保单等。这就是所谓的"离钱近"。

所有行业要生产产品和提供服务，都需要以下要素：自然资源、技术、资本、人力。金融是目前资本流动唯一的合理、合法方式。只有金融这个行业才能在监管下把大笔钱从企业和个人手里汇集起来，投向更有发展的行业和企业，这是金融的本质。

金融机构这样赚到钱

以经济学的视角看世界

一位科学家研发出某种新疫苗，可是缺乏资本购买生产设备。此时，金融中介给他介绍了一个投资人，投资1亿元，占比10%。假定按投资金额的5%收取中介费，金融中介可以赚500万元。这个金融中介，就是大家眼中高大上的"投资银行"——简称"投行"，在中国被称为"证券公司"。

后来，这个项目成功赚了100亿元，投资人按10%的股份占比，分走了10亿元。科学家的项目获得了资金，得到发展的机会；金融中介和投资人都赚到了钱。

如果一个金融中介，它吸收了众多客户的存款，每年支付利息3%，然后它把1亿元存款借给了这个科学家，收10%的贷款利息。这样，它就赚了700万元的利息差。至于科学家的项目成功与否、是否赚了100亿元，和金融中介都是没有关系的。这个金融中介就是商业银行。

无论是投行还是商业银行，本质是有能力找到好的项目，找到这个有潜力的科学家。金融中介能赚钱，是因为它懂得找到好的项目，能够让资金流动更有效率，让企业生产出更多的产品，提供更多满足老百姓需求的服务。

但是，金融业也会产生"恶"。金融企业，一样要追求利润的最大化，一旦不受监管，资本就会流动到刺激人欲望的项目上。例如前几年有一个项目，在金融中介撮合下，拿到投资，做的项目却是向不谙世事的大学生放高利贷，很多大学生因还不起贷款，人生陷入黑暗，甚至自杀，对家庭和社会造成巨大的伤害。

生产率：决定生活水平的根本

处于互联网时代，我相信，现在的你们，了解的信息比父母这一代人多得多，视野也更加开阔。但我也想提醒一句，现在的新闻平台、短视频平台的算法推送，很容易让人陷入单一的思维模式中。拿商业来说，我们平常接触到的信息是：金融可以赚大钱，投行是高大上的职业，游戏明星很风光，网红怎么来钱这么快……这是由我们直接接触到的场景决定的：电商诱惑、娱乐现象、热搜上的华为和芯片争端。

但是，你们日常接触到的财经现象，是发展了几百年、产业升级后的结果。普通人一般只能看到终端产品，对流程复杂的制造业则相对陌生。真正影响深远的财经知识，离你们的生活非常遥远。

四次工业革命

历史课本告诉我们，人类经历了三次工业革命，我们正在经历的是第四次工业革命。

◆ 工业革命

人类历史上前三次工业革命，如果按照原始的定义，分别是蒸汽革命、电力革命和信息技术革命。

第一次工业革命，以18世纪的英国人瓦特发明蒸汽机为标志，

早期的福特T型车

从手工业生产转为机器生产。

第二次工业革命，始于19世纪末，延续至20世纪初，随着电力和生产线的出现，规模化生产应运而生。

第三次工业革命始于20世纪60年代，通常被称为计算机革命、数字革命，因为催生这场革命的是半导体技术、大型计算机（60年代）、个人计算机（七八十年代）和互联网（90年代）的发展。

我们正处于第四次工业革命的开端。第四次工业革命始于本世纪之交，其特点是：互联网变得无所不在，移动性大幅提高；传感器体积变得更小、性能更强大、成本也更低；人工智能和机器学习崭露锋芒[1]。

现代化的起点

从世界范围内看，工业化、现代化的标志，是第二次工业革命期间福特发明汽车生产线。

1913年，福特公司把电力驱动的生产线首先应用于汽车制造业，使每辆T型汽车的组装时间由12.8小时缩短至1.5小时，生产效率提高8倍。

生产线发明后，大量工人进入工厂，工作没有过去辛苦，工资较高，工人成为有一定经济实力的中产阶级。社会的内循环启动，更多产品被制

---

[1] 施瓦布.第四次工业革命.李菁，译.北京：中信出版社，2016.

造出来，中产阶级也有能力消费更多产品。

中国的现代化进程，比西方世界晚得多。中国工业革命，真正应用于商业领域，是在1978年改革开放后。中国迅速跨过蒸汽时代，从21世纪初期[①]开始，先后进入第二、三次工业革命。由于制造业的大发展，大量的农民进城务工，城市化进程加速；同时，在加入世界贸易组织（WTO）后，中国依托"中国制造"进行全球贸易，加速了财富的积累。

中国在改革开放后的四十五年间，走过了发达国家300年的发展之路，创造了经济奇迹。某著名咨询公司研究部门称，2021年，中国财富总额超越美国成为世界第一。中国净资产从2000年的7万亿美元，增长至2021年的120万亿美元，增长了17倍。

下面，我们分享两个创业者的故事，他们是中国经济奇迹的见证者。

"玻璃大王"曹德旺

曹德旺在年轻人中的知名度，一定不如互联网界的马云、马化腾、张一鸣。但是他在汽车界的名气却非常大，他创立的福耀玻璃是世界规模最大的汽车玻璃生产商。

中国的工业化走过了三条道路：

第一条道路，中外合资。改革开放初期，中国制造业落后，政府果断对数以万计的先进外资企业敞开大门。当时中国一没钱，二没技术，国外的企业之所以愿意跟我们合作，是因为他们看到中国人多，市场潜力巨大。这是第一条道路存在的基础。

第二条道路，是让外面的企业进来自己玩，其中最知名的就是苹果的代工厂富士康，富士康是一家台湾商人在大陆投资的企业。

第三条道路，则是靠中国人自己开办制造企业。这些敢为天下先的人

---

① 文一.伟大的中国工业革命.北京：清华大学出版社，2016.

从哪里来？

说起来也简单，就是在合资企业或者是外商独资企业周边，看看他们在生产过程中需要哪些原材料或者是配件，我们就创业去制造，查漏补缺。千万不要小瞧这些大公司周边的"小"公司，在拥有核心技术的合资和外商独资的大型制造企业的哺育下，中国制造行业的"小"公司开始蓬勃发展，出现了一些风云人物。例如曹德旺。

早年间，曹德旺没有任何制造业的基因，做过很多份工作，大都是像修水库、修自行车、拉板车这种苦力活。直到30岁的时候，也就是1976年，曹德旺进了一家玻璃厂当推销员，才开始和玻璃结下了缘分。

后来，他工作的这间国营玻璃厂经营不善，要低价出售转让，曹德旺趁着这个机会借钱承包了这家玻璃厂。一开始，这家玻璃厂制造的就是水表等仪器表面那层小小的玻璃，本身市场体量很小，但是一次偶然机会，曹德旺发现了商机。有一次他坐车出行，听说一块汽车挡风玻璃居然能卖到几千块钱，与给工厂的水表玻璃价格有天壤之别。

曹德旺调查发现，在中国，汽车厂所用的挡风玻璃100%都是从国外进口的，国内压根没有厂商生产。国产车用的也是进口玻璃。曹德旺就彻底不服气了："不都是做玻璃，凭什么只有外国人能做汽车挡风玻璃？中国人也能做！"

带着这个"中国人制造自己的汽车玻璃"的使命，曹德旺开始了艰难的探索，没有技术就到处考察学习，到处购买设计图纸，没有人才他就直接到国外引进人才。在不断努力下，曹德旺这间小小的工厂终于生产出了第一块国产汽车玻璃，改变了中国汽车挡风玻璃100%依赖进口的历史。

1987年，曹德旺的福耀玻璃厂正式成立。就在两年之前的1985年，广州标致成立，中国的汽车行业开始大发展，而曹德旺的汽车挡风玻璃也被这个行业的发展带动着，水涨船高。

到了2005年，福耀玻璃已经成为中国第一、世界第二大的汽车玻璃生产商。不但国内的汽车厂商要用，就连福特、奔驰、通用这些国际汽车巨头都是福耀玻璃的重要客户。到了2017年，福耀玻璃已经成了世界上最大的汽车玻璃生产商，曹德旺成为当之无愧的"玻璃大王"。

1976年到2017年，"不知天高地厚"的曹德旺经过41年的努力，成为享誉全球的"玻璃大王"。

顺丰：要有自己的飞机

我们有以曹德旺为代表的中国制造，也要有中国人自己的物流系统。中国本土快递巨头顺丰速运，在建立中国人自己的物流系统方面，功不可没。

20世纪90年代，广东珠三角有一大批制造工厂，他们从香港公司承接制造订单，生产完再运到香港，销售至全世界。粤港距离虽近，但是运货通关的流程非常复杂，货物和信件要想通关，跑完审批流程，经常要花好几天或者一周。1993年，"水客"①王卫和几个朋友在广东顺德创建了顺丰速运。短短4年，顺丰就承包了70%从顺德到香港的陆路运输。

2003年，非典疫情席卷全国。人们自觉足不出户，线下店铺全部瘫痪，电子商务的需求暴涨，尤其是口罩、消毒剂、药品这些防疫物品需求量很大，而且对运送的效率要求很高，这就给航空快递带来了巨大的商机。王卫发现这些需要快速运输的货物规模足够大之后，果断地出击，迅速组织了5架包机来运送包裹，顺丰也成了国内第一个用航空运输的民营快递企业。顺丰一下子把从深圳到北京的运输时间缩短到了一天以内，基本达成次日达目标。

此后，王卫还和多家航空公司签订了合同，包下了230多条航线，向全国各地派送航空快件。2003年后，顺丰的运输量以平均每年70%的速度飞速成长，规模效应抵消了飞机运输的成本，顺丰开启了长达10年的

---

① 受雇于省港两地的公司，携带重要文件和货物往返两岸的人。这个职业并不合法。

黄金时代。2005年，顺丰筹建了自己的专属航空货运公司——顺丰航空，并且在2009年完成了首次飞行，至此顺丰拥有了自己的货运飞机。截至2022年2月21日，顺丰航空已经成为国内最大的货运航空公司，拥有69架自己的货运飞机。

从一个普通的"水客"到一个成功的创业者，王卫和他的顺丰快递，从1993年开始，抓住改革开放的先机，经过了16年的开拓创新，在2009年拥有了自己的飞机。经过30年发展，顺丰成长为总资产超过2000亿元、中国第一大、全球第四大快递物流综合服务商，2022年进入世界500强榜单。

以经济学的视角看世界

创造好生活依靠什么？

中国财富增长的奇迹，主要不是依靠人们日常接触到的金融、娱乐等行业，而是依靠强大的制造业及全球贸易，依靠满足人民日益增长需求的行业和服务，依靠的是一步一步努力耕耘的创业者和创业公司。

曼昆在《经济学原理》中提到一条经济学原理：一国的生活水平取决于它生产物品和服务的能力[①]。中国经济腾飞，靠的是生产率的提升，它带来了中国人生活水平的大幅提升。

> **生产率**
> 即单位时间劳动投入所生产的物品与服务数量。

---

① 曼昆.经济学原理（第7版）：微观经济学分册.梁小民，梁砾，译.北京：北京大学出版社，2015：14.

第三课

有没有永远的富国和穷国？

一个国家，何为穷，何为富？国家的穷富在于国民的生活水平，在于这个国家能够生产的物品和服务的能力，不在于国家的货币总值。

到目前为止，衡量一个国家生产物品与服务的能力，GDP（国内生产总值）还是最好的反映指标。

但是 GDP 增长也不见得百分之百能够带来国民的生活水平提升。如果生产出一堆价值很高的商品，但是生产过剩，老百姓买不起、用不上，经济照样也会失衡。

但无论如何，衡量政府资源调配能力的好坏，首先还是要能够生产出更多的产品，提供更多服务，生产力才是硬指标。

1.

GDP：它是衡量一切的指标吗？

2021年国家发布的"十四五"规划和2035年远景目标纲要，没有对"十四五"时期设定量化的GDP增速目标，引发关注。

GDP，即Gross Domestic Product，国内生产总值。

"如果你要判断一个人在经济上是否成功，你首先要看他的收入。高收入者负担得起生活必需品和奢侈品。毫不奇怪，高收入者享有较高的生活水平……同样的逻辑也适用于一国的整体经济。当判断一国经济是富裕还是贫穷时，自然就会考察经济中所有人赚到的总收入。这正是国内生产总值的作用。"[①]

虽然，在"十四五"规划中，GDP作为主要指标予以保留，但该指标值被设定为年均增长"保持在合理区间、各年度视情提出"，变成了弹性目标。这一表述方式在我国五年发展规划史上还是第一次。

"哎？这不好像就是明明每年都要考试，老师突然说，今年不看考试成绩了吗？为什么？"儿子问。

---

① 曼昆.经济学原理（第7版）：宏观经济学分册.梁小民，梁砾，译.北京：北京大学出版社，2015：4.

啥是GDP

儿子这个比方打得不错。回答这个问题，需要深入谈谈 GDP 这个经济新闻中经常出现的概念。

GDP（国内生产总值）是指一定时期内（如一个季度或一年），一个国家或地区生产出的全部**最终**产品和服务的价值。它被公认为衡量一个国家国力和财富的最佳指标，我们谈经济增长指标时，一般会用 GDP 的增长来衡量。

你去外面吃饭，去书店买书，在网上买手表，这些消费都会被计算进每一年的 GDP。同样是吃一顿饭，吃饭方式不同，被算进 GDP 的金额也不一样。GDP 是一个国家或地区生产出的"最终"产品和服务的价值，记住"最终"这个词。

我用"吃牛扒"来解释其中的不同：

我们每周去超市买生牛扒，在家煎着吃。由于煎牛扒后没有产生交易，我们去超市买牛扒花的钱已经是最终消费，买生牛扒的钱会被算进 GDP；同样是一顿牛扒，如果我们去西餐厅吃，餐馆买入生牛扒花的钱，不会被算进 GDP，真正被计入 GDP 的，是我们在餐馆吃饭付的钱，这才是最终消费。这部分消费里除了牛扒的原材料钱，还有餐馆的铺租、人工、水电、利润等，我买单的钱要远高于牛扒原材料费。同样是吃牛扒，在家吃牛扒产生的 GDP 会少得多。

GDP 有好几种不同的计算方法，这里介绍的是标准支出法。支出法的原理，是假设产品和服务一定会有人**最终买单**，根据**买单**的**主体**和**目**的不同，分为四大类计算，总和为 GDP。

第一类是消费，对应的英语简写为 C（Consumption）。每个家庭为了当下的生活，比如买衣服、吃饭、买手表等，最终支出的钱。

第二类是投资，简写成 I（Investment）。指的是企业和个人不是为了当期消费，而是为了今后长远目标而进行的消费，如企业购买机器、设备和家庭购买住房。外企在国内的投资也被算进这一类，购买的是我国的产品和服务。美国的电动车企业特斯拉，在我国上海投资建厂生产电动汽车，需要花钱建厂房、购买新设备，这些钱就会被算进 GDP。

第三类是**政府支出**，简写成 G（Government expenditure）。政府各个部门作为购买主体购买产品和服务，主要包含两个部分，一是政府购买居民的劳动服务，二是购买企业的商品。政府为了推行义务教育办了很多中小学，需要花钱请人来管理，请老师上课，这些钱就是政府支出的一部分；城市建设需要政府去修路，建设图书馆、政府服务大楼、地铁等公共设施，请人建造和买材料的钱都是政府支出，会被算进 GDP。

第四类是**净出口额**，简写成 NX（Net exports）。把国外看作一个支出主体，购买我们的产品和服务产生的价值，但必须减去我们买国外产品和服务的差额。

用公式表达就是：GDP ＝ C+I+G+NX；

即：国内生产总值 = 消费 + 投资 + 政府支出 + 净出口额

GDP的"美中不足"

> 以经济学的视角看世界

你怎么去衡量苹果、书、歌曲、电影、餐饮、理发、医疗等不同物品和服务的市场价值？

很多物品风马牛不相及，你很难进行比较。GDP 却要把很多不同种类的物品加起来，变成全面的、能衡量经济活动总价值的指标。

罗伯特·肯尼迪 1968 年竞选总统的时候，曾经这样批评 GDP：

"（国内生产总值）并没有考虑到我们孩子的健康、他们的教育质量，或者他们做游戏的快乐。它也没有包括我们的诗歌之美和婚姻的稳定，以及我们关于公共问题争论的智慧和我们公务员的廉政……它衡量一切，但并不包括对我们的生活有意义的东西……"

确实，GDP 有很多"美中不足"：

第一，物价上涨，GDP 也会涨。先看看中国近 20 年的 GDP 增长情况：1990 年，中国的 GDP 是 1.8 万亿元；2022 年，中国的 GDP 是 121.02 万亿元。从 1.8 万亿到 121.02 万亿元，中国的 GDP 增长了近 64 倍。但是父母可能会告诉你，他们小时候，一根冰棍只需要几毛钱，现在需要几块钱甚至十几块。

商品价格上涨，消费金额提高，GDP 也会相应增长，这并不一定说明我们的生活变好。GDP 家族还有一个指标，叫**真实 GDP**，是剔除了物价上涨因素后的 GDP。我们平时公布的 GDP，也叫**名义 GDP**。

第二，如果政府支出提高，不断修路搞建设，GDP 也会提高。但普通老百姓的生活也不一定就会变好。我国内地有一个城市的新区，有开阔的公路、豪华的别墅，前卫的博物馆和大剧院等。这个新城本来是按照 100 万人的容量打造的，但它没有吸引到人才过来投资创业，以至于在 2010 年建成之后就被荒废，被形容为"鬼城"。到了 2020 年，当地人口才有 15 万，白天街上都空空荡荡，晚上住宅小区的亮灯率不足 30%，还有很多小区和写字楼是全黑的状态，造成了巨大的资源浪费，老百姓的生活水平也并没有提升。

第三，GDP 不包括市场之外进行的活动的价值。没有以钱的形式结算的服务不会被计入 GDP。例如，你家请了一位阿姨来做饭，请阿姨是一种家政服务，这笔消费会被算入 GDP；可是如果饭是爸爸妈妈做的，这个服务就不会被算入 GDP。幼儿园提供的对孩子的照顾是 GDP 的一部分，但父母在家照料孩子则不是。义工为社会福利院做的贡献，也不会反映在 GDP 上。

第四，GDP 不会考虑环境质量，也不会考虑贫富差距。企业为了利润最大化，会污染水和土地，企业无限扩张，生产出来的物品和服务，会被计入 GDP，但是人们的生活质量会下降。100 个每年收入为 10 万元的人组成的社会，GDP 是 1000 万元；但 10 个年收入为 100 万元的人和 90 个一无所有的人组成的社会，GDP 总量也是 1000 万元，人均 GDP 也是 10 万元。量化背后，是巨大的贫富差距。

为什么我们还要关注 GDP 呢？

GDP 没有关注孩子的健康，但高 GDP 的国家，能够给予孩子更好的医疗服务；GDP 没有衡量孩子们的教育质量，但毫无疑问，在 GDP 高的国家，孩子能获得更好的教育。

经济学家曼昆提醒：大多数情况——但不是所有情况——GDP 是衡量经济福利的一个好指标。重要的是，我们要记住 GDP 包括了什么，而又遗漏了什么[①]。

唯 GDP 论不可取。

[①] 曼昆.经济学原理（第 7 版）：宏观经济学分册.梁小民，梁砾，译.北京：北京大学出版社，2015：4.

回归市场：为什么国家要凑假期？

　　1999年9月，国务院出台新的休假制度，规定春节、劳动节及国庆节均放假3天。假日经济成为新话题。

　　2000年，第一次调休发生在当年的五一假期，7天小长假开始了。

　　2008年以后，五一黄金周由7天调整为3天，改为和清明、端午一样的3天小长假。

　　2020年开始，为了刺激经济，五一假期从3天小长假调整为5天小长假。国庆和春节假期不变，依然为7天。

　　2020年以来，五一假期又变成了5天小长假，但多出来的两天并非白送，前后两个周末都得"还"两天，照常上班上课。也就是说，假期前后两周，都要连续6天工作和上学，你们有没有叫苦连天？不光五一小长假，十一和春节两个长假，也要从平日周末调休，每次都会被大家吐槽：累得半死，不如不放。

　　2022年7月，有关部门印发了《国民旅游休闲发展纲要》，提出要优化全国年假和法定节假日的时间分布格局，但是没有具体的实施方案。

　　这么多人对调休有意见，国家为什么还要凑长假期？

休假制度的历史

几十年前,别说长假调休,放几天假都很难得。

1949年新中国刚成立时,我国经济落后,为加快经济建设,必须争分夺秒工作,每周末只休息一天。

当时,每年全国的公共假期只有4个(元旦1天、春节3天、劳动节1天、国庆节2天),共7天,而且分布较散。公共假期加上周末,全年仅59天假期,不到现在全年假期天数的一半。

直到20世纪80年代,经济迅速发展,人们工作越来越忙,每周还是只有一天休息。

我记得小时候有一句话:"战斗的星期天,疲惫的星期一"。星期天不可能睡懒觉,全家要早起洗衣服、晒被子、大扫除、买菜做饭,还要出去探望亲戚。这么一大堆事忙完了,仅有的一天周末就过完了。现在流行的放空、发呆、休闲通通不存在。

天天这么忙,大家当然也吃不消,纷纷呼吁政府多放假。

1994年,国务院正式宣布,把一周6天工作制改成5天半工作制。后来为了工作和上学方便,又变成了长短周:一周上6天班,一周上5天班。那时我还没有上大学,虽然平均每周多放了半天假,但经常记混:这周周六到底该不该上学?

一年后,1995年的五一,每周五天半工作制终于改成五天工作制。全年有了111天的假期。

为什么1995年,政府会大手笔增加假期?来看一组数据:

1952年,我国GDP约为679亿元,到了1995年,已经是60 793亿元,增长了近100倍。

经济快速上涨,是增加假期的底气。

调休制度的诞生

没多久,新的经济问题又出现。

1997年,亚洲金融危机爆发,东南亚国家受影响最大,中国也受到波及;1998年,国内发生特大洪涝灾害,财政上也有困难。

作为五一长假的主要推动者,国家发改委原副主任张国宝在他的回忆录中详细记录了整个决策过程:"我们开始意识到,老干活不消费,并不能让经济真正发展。消费开始受到重视。"

政府采取了很多刺激消费的措施,其中一个是在1999年推出黄金周休假制度:五一、十一和春节都改成3天假期,再加上前后的周末,以及从平时周末里抽出来的两天调休凑成三个7天长假。大家有更多时间出门旅游、购物、探亲,自然可以产生更多消费,反向拉动经济,这就是长假调休制度的由来。

这一招非常管用。黄金周正式实施的2000年,黄金周旅游人次达到了2000万;仅过一年,在2001年涨到7376万。

2021年的五一假期放5天假,全国国内的旅游人次达到惊人的2.3亿,比2000年涨了10倍多。酒店、餐饮、交通、景点、商场等,因为调休制度,在每年黄金周或小长假都能迎来一波业务暴涨。这个现象就叫做"假日经济"。

十一黄金周

混乱的黄金周调休

不过，每年的黄金周调休都会让大家感到很混乱。

最混乱的是 2013 年的中秋和国庆假期调休。那一年中秋是在 9 月底，国庆在 10 月初，中秋 3 天连休，国庆 7 天连休，还要顾及正常的工作日和休息日。

当时的主管部门把休假方案定成先上 3 天班，中秋节休息 3 天，再连上 6 天班，周末只休息 1 天，然后再上 2 天班，国庆再休息 7 天，回来之后再上 8 天班，然后再休息 1 天。

怎么样？听晕了吧？也难怪网友每年都要吐槽。

国家通过调休凑长假，是为了刺激消费，拉动经济。咱们反过来想一想，如果国家还是维持 3 天的假期，同学们还会出去度假吗？看起来就是一个大周末而已。现在有了 5 天甚至 7 天假期，很多人会去更远的地方旅游，才有所谓"假日经济"。

以经济学的视角看世界

给市场创造交易的机会

经济学看待长假有不同的角度，国家为了促进消费，可以用很多办法，但最好的办法还是把它还给市场。

只要给市场创造交易的机会，就自然会有促进。国家也不应轻易干预市场，尤其是控制价格，最好的办法就是创造更多的需求。长假无疑激发了大家消费和旅游的需求。无论未来调休制度是否会调整，政府当时出台休假新制度，给旅游业发展的平台，刺激消费市场的发展，这一招非常有效。

当然，在旅游需求暴增的情况下，就会出现很多问题，比如说长假中的服务质量不好，出现"宰客"等现象。此时，国家应该做的是强化市场管理，创造好的市场环境。

虽然说市场能解决很多问题，可是对于市场规则、公平交易的底线，还是应该由国家——看得见的手来做。

任何宏观调控政策，都不可能没有问题。长假和调休制度虽有弊端，但在国内经济发展史上，有其不可磨灭的贡献。

3.

储蓄投资：中国人爱存钱，是好事吗？

不少父母都希望孩子拿到零花钱后，不要只会买玩具、打游戏氪金。他们会建议孩子把钱存起来，尤其是当孩子得到数额较大的奖励时。

中国人爱存钱在全世界是出了名的。对于个人而言，存钱，在经济学上又称为"储蓄"，这是狭义的储蓄概念，老百姓眼中的"储蓄"，多指存在银行里的钱，如活期储蓄和定期储蓄。

但是，经济学理论中的"储蓄"是一个充满歧义的词汇，个人收入只要没有消费掉，无论存在银行，还是进行金融投资（买基金股票等），或变成资本（如机器、厂房），都可纳入广义储蓄的范畴。

中国居民储蓄率

根据国际货币基金组织的数据，2005 年左右，中国总储蓄率达到 51%，当时世界各国的平均总储蓄率仅 19.7%。十几年过去，中国总储蓄率略有下降，2021 年为 44.89%，排名世界第五。其他世界强国在 2021 年的总储蓄率分别是：

13	韩国	36.56%
30	德国	30.65%
51	日本	28.11%

65　法国　24.37%

103　美国　18.10%

116　英国　15.65%

国民总储蓄率，指的是一个国家的全部储蓄（私人储蓄和公共储蓄）除以国内生产总值。

还有另外一个概念：居民储蓄率。

居民储蓄率 =（居民可支配总收入 - 居民可支配消费）/ 居民可支配收入

国民总储蓄率，包括了国家的公共储蓄；居民储蓄率，更能反映一个国家的居民对存钱的态度。

我们看一组数据：

2022年，我国居民储蓄率约为33%[①]；同年，美国的居民储蓄率低于5%。

不过，西方国家的储蓄概念和中国不太一样。

在西方国家，储蓄是指宏观经济总量国民收入中未被消费的部分，如以 Y 代表国民收入，C 代表消费，S 代表储蓄，则 S=Y-C。西方的储蓄，

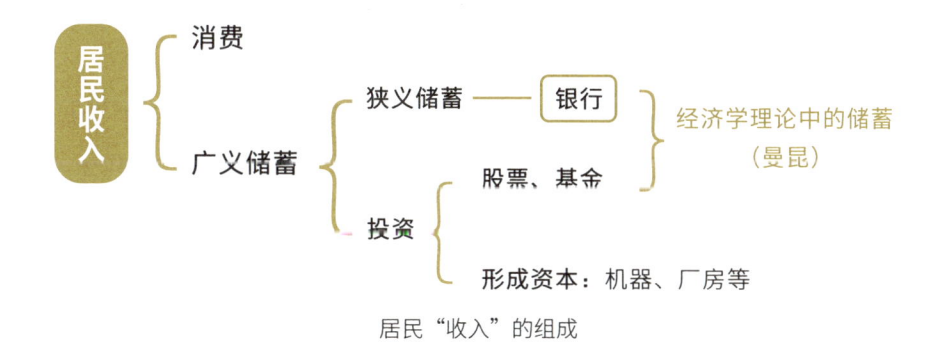

居民"收入"的组成

---

① 此数据依据国家金融与发展实验室发布的《2022年中国杠杆率报告》，来自城乡调查数据，与统计局的国民经济核算数据有一定差别。

并不仅仅指存在银行的钱，买成基金和股票的钱都被归于储蓄。在中国，储蓄和居民储蓄存款都是指居民个人在银行的存款。

我们说中国人爱存钱，储蓄率高，主要有两层意思：第一，中国人消费意愿不强；第二，中国人在各种储蓄方式中，偏爱银行存款。

高储蓄率的利与弊

老百姓把钱存在银行，作为金融机构的银行有了充足存款，可以贷款给企业进行生产活动，或者借给政府投入基础建设，带动经济发展。比如，我国的"一带一路"倡议、高铁项目，动辄上千上万亿元的投资，没有高储蓄率很难做到。

高储蓄率，还有一个好处——遭遇金融危机时，各种投资都不靠谱，只有"现金为王"，高储蓄率就像个安全垫，使各种资产不会因为金融危机而跌得一塌糊涂，让大家没钱过冬，抵抗金融风险的能力也比较强。2008年，我们国家的股市跌幅一点也不比美国和欧洲的低，但是因为高储蓄率，很多家庭都扛了过来。

在改革开放初期，国家特别缺乏资本的时候，要机器没机器，要厂房没厂房，要高速公路没高速公路，这时高储蓄率当然是好事，能集中力量办大事。

但是，钱都被存起来了，居民没有消费欲望，商品和服务销售不出去，企业没有利润，经济也流转不起来。所以才有了上一篇文章说到的，国家凑假期，培育旅游市场，让大家去消费。

收益递减与追赶效应

以经济学的视角看世界

物质财富的生产能力还受其他因素制约。比如说人力资本，大家都疯狂地存钱，不消费不享受，身心不健康，劳动的意愿也会下降，创意递减。这种情况下，就会出现边际收益递减的现象，有再多机器厂房也生产不出更多更好的产品，最终就会导致储蓄失效，经济也会失去活力。

> **边际收益递减**
> 指的是随着投入量的增加，每一单位额外投入得到的收益会减少的特性。

由于收益递减，储蓄率增加引起的高增长只是暂时的。

资本的边际递减，还有一层重要的含义：一个国家生产落后时，更容易实现迅速增长。我国改革开放开始的时候，每增加一单位资本，生产率就会大幅增加；发达国家就未必了，每增加一单位资本，生产率的提升是有限的。这就是穷国之于富国的"追赶效应"。

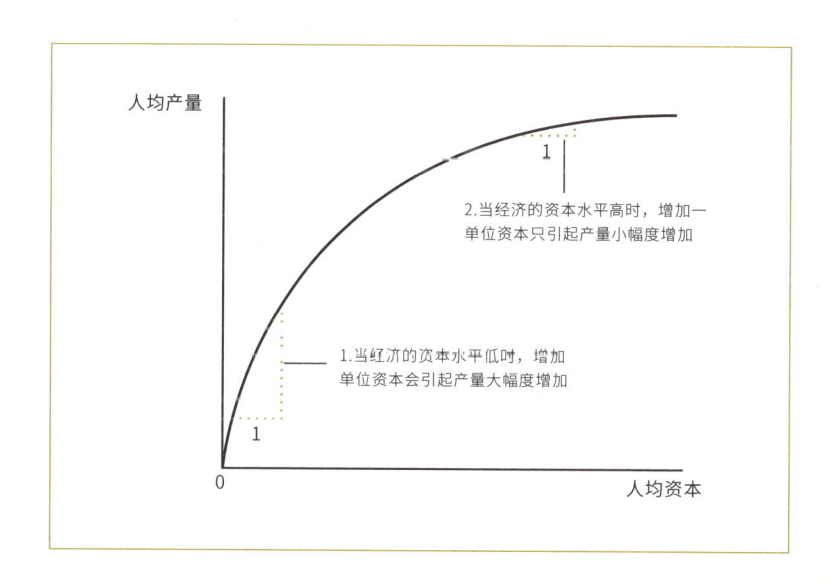

图：横轴为人均资本，纵轴为人均产量的曲线。
1. 当经济的资本水平低时，增加单位资本会引起产量大幅度增加
2. 当经济的资本水平高时，增加一单位资本只引起产量小幅度增加

这种追赶效应也同样出现在学习上。学校的进步之星，通常会颁

给原来成绩较差的学生。因为起点低，他们进步的幅度相对较好的学生会更大一些。但是，进步大的学生，不等于是最好的学生。虽然很多国家的经济增长很快，欧美国家的经济增长慢，但依然是传统发达国家的人均 GDP 更高。

我们还要注意一个问题：从宏观经济看储蓄，整个国家的储蓄和投资是没有什么区别的。因为钱存下来，哪怕在银行里面，国家也有办法用来修高速公路。对于个人来讲，储蓄和投资就有区别。如果你去创业，买生产设备，直接参与到资本的构建，成为股东，你当然能够分享更多的收益。如果把钱全部存入银行，你就分享不到经济高速增长所带来的高收益。

◆ **延伸问题**：为什么中国人特别爱存钱？

存钱可并不是咱们人类特有的习惯。我们在丛林中并没有把食物存起来的习惯，只有到了农业社会，才开始把自己吃不完的粮食囤积起来。

中国人爱存钱，比较通行的解释有三个：

第一个解释，中国长期是一个农业国家，人们不能把粮食吃光，一定要存一部分下来做过冬的粮食和种子，来年才能继续种地吃饭，所以把勤俭节约的习惯代代相传。

第二个解释，近几十年来财富增长速度太快，人们能够存下来钱。20 世纪七八十年代，我们国家实行了改革开放，市场经济迅速发展起来，人们手上有了大量的余钱。原先储蓄率低是因为人们根本没有可支配收入，现在一下多了这么多钱，我们老祖宗流传下的习惯当然要发挥作用了，储蓄率一路从 35% 飙升到 2005 年的 51%。

第三个解释，存钱主要目的是应对一些人生中的重大需求，比如说准备医疗费、孩子读书的学费、房子的首付等等。

存钱是焦虑的体现。为什么现在以美国为代表的世界发达国家储蓄率低？首先，这些国家早在 19 世纪已经是工业化国家，存钱的意愿没有农业社会这么强。

过去几十年，欧美都建立了相对完善的社会保障体系，生病、养老，国家能够兜底，大家也就觉得用不着存很多钱。

4.

人口下降：为什么经济学家着急？

据报道，截至2022年末，我国人口比上年减少85万，出现60多年来的首次负增长。

根据联合国人口基金会的最新报告，2023年年中，印度将超过中国，成为世界上人口最多的国家。

中国和印度历来是人口大国。自8世纪以来，中国就一直保持着"世界人口第一大国"的头衔，这一历史将会改变。

为了应对人口负增长、人口红利消失，每年都有经济学家献计献策。采取哪些措施鼓励年轻人多生娃？有人说，印一笔钱专门用于生育补贴，谁生孩子就发给谁；也有人提出，谁多生孩子，以后可以多领退休金。

这些言论常常会成为负面新闻焦点，被网友围攻：养孩子又累又费钱，你们专家站着说话不腰疼。

为什么经济学家对人口负增长如此焦虑？中国的人口红利又是如何消失的？

人口红利

首先，"人口"一词包含了两层意思：工作的"人"和吃饭的"口"。作为"人"，我们可以参加工作产生价值；作为"口"，每个人都要吃饭，才能生存下去。一个社会，如果干活的人多，不干活只吃饭的人少，人们创造的经济价值远大于消耗的经济价值，这种因人口构成自然产生的财富积累，就叫人口红利。

工作的人主要是年轻人和中年人。不工作的人，一般是未成年的小朋友和退休老人，前者靠父母抚养，国家负担义务教育费；退休老人则靠养老金生活。中青年占比大，未成年人和退休老人占比少，这个社会就容易产生人口红利。

从历史上看，人口红利的形成，一般是因为之前出现过"婴儿潮"（Baby boom）。婴儿潮通常是指，某一个时期或特定地区，出生率出现明显增长的现象。20 年后，这批孩子就成长为工作人口，人口红利就会自然释放。

我国曾经出现过三次婴儿潮[①]，第二次婴儿潮发生在 1962—1977 年，连续 16 年，期间有的年份出生人口近 3000 万。这批人成长到 20 岁左右，也就是 20 世纪八九十年代，人口红利大暴发，随之而来的是中国经济的快速发展。

人口红利与经济发展

近几十年来，我们国家的人口红利到底是怎么推进经济发展的呢？

中国社会科学院专家蔡昉说：一个社会上工作人口特别多，才能产生人口红利。工作的人多了，就意味着劳动者和劳动者之间的竞争激烈，企业雇佣员工付出的工资就能更低，可以雇佣更多的员工来从事生产和制造。

于是，中国开始向世界各国出口初级的制造品，创造更多的经济价值。这属于劳动密集型产业。苹果手机的组装制造商富士康，员工数量一度超

[①] 我国第一次婴儿潮发生在中华人民共和国成立后的 1949—1958 年，国家鼓励生育，持续 10 年，年出生人口超过 2000 万。第二次婴儿潮是在 1962—1977 年。第三次婴儿潮是 1981—1994 年，持续 14 年。参见陈友华《出生高峰与出生低谷：概念、测度及其在中国的应用》，《学海》2008 年第 1 期。

过了 120 万，比中国一个小县城的人口还要多。

20 世纪 80 年代到 2010 年前后，这 30 多年是中国劳动密集型产业大幅发展时期，经济成长率每年平均约为 10%，中国"世界工厂"的名号由此而来。粗略计算，如果连续 30 年每年涨 10%，这可不是"10%×30=300%"这么简单，而是"1.1 的 30 次方"，意味着中国的经济总量足足涨了 17 倍。

今天越来越多人不爱生孩子，但你们仍然赶上了人口红利的尾巴。举个身边的例子，街上随处可见的外卖小哥就是中国人口红利的产物。在国外，根本不可能有这么多人送外卖，送餐费可能贵过外卖本身，外卖行业就不可能发展起来。

打工者被盘剥？

人口红利之下，劳动者和劳动者之间的激烈竞争导致工资降低，打工人是不是就亏了？我们换一个角度思考。

中国在五千年间，大部分时间是农业国。即使中华人民共和国成立后很长一段时间内，工业发展都很薄弱，大部分的青壮年在农村种地卖粮食，收入微薄。比如河南农村，21 世纪农民种一年的地卖粮食能够得到的收入也就 2000 多元；一个年轻人进城打工，每个月最起码也能挣 2000 多元。为了多赚点钱，农村的青壮劳动力纷纷进城打工。城市里的钟点工、月嫂、保安、水电修理工、装修队师傅，大多来自农村。他们的服务让城市生活更美好，而他们进城打工的收入也比种地翻了好几倍，这是双赢的结果。

20 世纪八九十年代，有个名词叫**民工潮**，指的就是大量农民涌进城市工作的现象。有数据显示，从 1982 年到 2010 年期间，我国的人口结构对 GDP 的贡献度是 4.5%，不要小看这个数字，我们国家的 GDP 是以万亿元来做单位的。以 2010 年为例，我国的 GDP 高达 40 万亿元，即便乘以 4.5%，那也有 18 000 多亿的经济价值贡献。从宏观经济角度来看，民工潮是在技术红利和人口红利的作用下，资源重新配置的结果。

全球如何应对人口下降

你现在应该明白，经济学家为什么对出生人口下降这么紧张了吧？如果今天出生的人口少，20 年后中国的人口红利就会完全消失。

为什么现在的年轻人大多不想生孩子，这跟我们当年"只生一个好"的计划生育政策有很大关系，但这并不是全部原因。

人口红利对经济贡献很大，但它也造成了普遍焦虑。人口多，竞争激烈，孩子教育成本越来越高；房价物价疯涨，生活成本越来越高，大家觉得自己无力养育孩子。

这也是国家出台教育"双减"政策的原因，目的是减轻家长的教育负担。而事实上是否减轻，需要留待时间去检验。

国外也有类似情况。欧洲、美国的婴儿潮，比中国早一代人。在 1945 年第二次世界大战结束后，欧美人民刚刚摆脱残酷的战争，渴望安居乐业，迅速出现了一波婴儿潮。这批孩子长大后，在六七十年代释放了巨大的人口红利，给欧美带来了经济发展的黄金时代。

20 世纪 80 年代，欧洲和美国同样陷入人口出生率低的困境。有研究表明，在正常情况下，平均一对夫妻生 2.1 个孩子，才能保持下一代新增工作人口，未来人口红利才不会消失。每个妇女平均的生育子女数被称为总和生育率，一旦这个数字下滑到 1.5[①]，国家会陷入低生育率陷阱。

欧美政府都很着急，提出各种优厚条件。爱尔兰、瑞典不但给妈妈推出超长的带薪产假，还给母婴提供免费医疗检查，孩子享受免费教育，给每个育儿家庭发放大量现金补贴。全世界生孩子待遇最好的国家应该是芬兰，政府统一兴办托儿所帮助家庭带娃，让年轻父母放心生育。孩子高中之前的教育均免费。

---

① 我国的总和生育率，从 2019 年的 1.52 下降至 2022 年的 1.07。参见贺丹《建立生育支持政策体系　注重加强一孩生育支持》，《人口与健康》2023 年第 4 期。贺丹，现任中国人口与发展研究中心主任。

国家颁布了这么多制度，鼓励父母生孩子，归根到底只有一句话：请你为国家的人口红利多生孩子。事实上有没有效？再以芬兰为例，疫情前的 2019 年，生育率已经跌到 1.4，进入了低生育率陷阱。放眼望去，整个欧洲的生育率都低得可怜。

你们还是未成年人，离成家立业还早，但是也要做好思想准备，认识到未来将生活在怎样的世界？人口红利消失，到处都是老年人，更少的人工作要养活更多的人，社会负担很重。

现阶段我国的政策，是鼓励工作的人多交养老金，并让现在的工作人口延迟退休。另外一条路则是努力研发更多可以替代人力的技术和产品，比如说机器人 AI，也许科技的力量能够使我们脱离低生育陷阱。作为未来一代，你们能想到更好的办法吗？

以经济学的视角看世界

人力资本的重要性

关于人口波动，可以回归最基本的经济学原理。国家富裕的标志，是生产出更多的商品和服务。人力资本是生产端的重要要素之一，没有充足的生产能力，显然整个经济活力会下降。另外，国家可以通过科技提升弥补人力不足，但这是发达国家也没有攻克的难题。

为什么过去要限制人口？因为其他资源不足，没有资本，没有技术，只有自然资源，无法真正促进生产力提升。人均产能低，当然要限制人口。但是，经过多年发展，我国各项资源和技术都取得了长足的进步。所有的经济学假设都要改写。有更多人，才可能有更多的生产者，也才会涌现出更多的人才。

5.

货币增发：多印钱，能让大家都变富？

有一个9岁的小朋友问过我："为什么国家不直接多印钱来促发展？"这个问题听起来荒诞，实则涉及深刻的宏观经济问题。

"印钱"就是直接印钞票？

电视或网上的视频中，说到货币就会出现流水线上印钞的画面，其实"印钱"和印钞厂没有什么关系。

> **印钱（货币增发）**
> 指国家通过各种手段增加在市场上流通货币的供应量。

现代的金融体系里面，主管货币发行量的金融机构叫国家的中央银行，简称"央行"。这是一个国家最重要的金融机构，也是中央政府的管理部门。大部分国家都设立了央行，其职责之一就是负责制定国家的货币政策，包括是多印钱还是少印钱。

中华人民共和国的央行是中国人民银行，成立于1948年。1983年9月，国务院决定中国人民银行专门行使中国国家中央银行职能。

◆ **延伸知识**

关于最早的央行，有两种说法。第一种说法认为，1609年设立的荷兰阿姆斯特丹银行，是世界上第一家有央行属性的银行，它曾发行过一种叫作"银行券"的纸币。

第二种说法是，英格兰中央银行是第一家中央银行。1694年，英国议会通过法案，成立了英格兰银行。英格兰银行实际上是商人、国王和议会三方共同组建的。1844年改组之后，英格兰银行逐渐把商业银行的业务摒弃，成为真正意义上的央行。

全球影响最大的央行是美国的美国联邦储备系统。

中国历史上第一家央行：大清户部银行成立于光绪三十一年（公元1905年），总部设在北京。1908年更名为"大清银行"。1913年，大清银行正式更名为"中国银行"，总部迁至上海。

央行如何增加流通货币量？

各国央行"印钱"方式不同。美联储的主要做法是购买美国政府发行的国债，中国央行"印钱"的方式有两种：

第一种是外汇占款，即人民银行购买企业赚到的外汇，买入外汇这个过程就是发行人民币的过程。例如，一家国内企业卖化工产品，赚了100万美元。在强制结售汇制度下，企业必须到银行把100万美元兑换成人民币，假如汇率是1比6.5，就能兑换成650万元人民币。商业银行把这100万美元上交给中国人民银行，领回650万人民币，通过这种外汇占款的方式，中国人民银行实现了650万元的投放。

第二种方式是央行向商业银行贷款。2012年，强制结售汇制度取消。从2014年开始，人民银行向商业银行发放的贷款，成为人民币发行的新工具。例如，企业向商业银行贷款100万元，商业银行再将这笔贷款抵押给人民银行，并从人民银行领回100万元。通过这种贷款方式，央行实现了100万元的投放。

央行就是通过以上两种方式，增加市场上货币的流通量，它并不会直接和企业及个人打交道。货币发行流程是从人民银行，到商业银行，再到企业和个人。

除了实实在在增加基础货币供应量外，提高钱的流通次数也是一种增加流通货币的方式。市场上的 100 元，一年只能流通一次，还是 100 元；如果能够流通 100 次，就相当于 1 万元。

◆ **如何计算市场上有多少钱？**

统计市场上流通货币的总额，一般称为广义货币（M2）

广义货币（M2）= 基础货币 + 银行贷款余额

基础货币 = 市场上流通的现金（M0）+ 银行的库存现金

这就是我们在财经媒体上经常看到和听到的"印钱"和"放水"。关于货币政策，你们如果感兴趣，可以在大学金融课堂上深入研究。

流通的钱多就等于变富？

国家印钱，表面上看市场上流通的钱多了，老百姓是不是变富了？

普遍认为，"变富"就是口袋里的钱变多。本来每个月只有 200 元零花钱，到了春节突然有了几千元的压岁钱，感觉一夜变富。我曾经问孩子：为什么钱多了就觉得自己变富？我的儿子说，因为有了更多的钱，就可以买更多玩具，更多好看的球鞋，会更开心。

孩子的说法很纯朴，也很有道理。感觉变富，不是因为口袋里钞票的厚度增加，而是能够买到更多更好的商品和服务，提升了生活质量。如果一个乞丐意外得到 100 万元，代价却是被丢在无人的沙漠里，除了沙子啥也没有，这时他会觉得自己富有吗？恐怕他只想用 100 万元换一瓶水，避免渴死。

流通的钱增加后，老百姓是不是真的能变富？我们来看一个极简模型：

假设有一个国家只有两类人：穷人和富人。全国人民只消费一种东西——大米，富人和穷人的财富比是 8:2，能买下的大米的数量也是 8:2。

要钱还是要水？

这个国家每年只生产100斤大米供国民吃饭。央行一年固定印100元在市场上流通。大米每斤1块钱，按财富比例，80元在富人手里，富人能买下80斤大米；20元在穷人手里，穷人能买到20斤大米。国家想让国民变富，多印了100元。现在市场上总共有200元，多出来的100元会流动到谁的手里？

第一种情况，国家为了公平，把多印出来的100元，按照之前的财富比例分配给富人和穷人。原先穷人有20元，富人有80元；现在穷人多了20元，有40元，富人多了80元，有160元。国家生产大米的能力并没有提升，还是每年只能生产100斤大米，结果就是大米要涨到每斤2元。穷人用40元依然只能买20斤大米，富人用160元只能买80斤大米，大米涨价，货币贬值，谁也没有变富。

第二种情况，国家还是多印了100元，大米还是只能生产100斤，但国家不强制分配新增的100元，让它自由流入市场。穷人每天只会种地，一天工作12小时；富人开公司做生意，还投资理财，谁更有可能赚到多出来的100元？估计是后者。多印的100元在富人和穷人中的分配比例可能变成9∶1。富人的钱变成170元，穷人只有30元，财富比例变成了17∶3。国家每年还是只能生产100斤大米，最后结果是富人更富，穷人更穷，贫富差距拉大。

真实的经济社会中，增发的货币往往会流向更有投资能力、更有资本

的人群。2019年，荷兰的央行对过去一个世纪主要国家的货币政策进行了分析，发现如果国家不断增加货币的发行量（印钱），获利最大的是政府和1%最富有的人，穷人变得更穷。

想纯粹依靠印钱让大家变富，几乎不可能。以美国为例，2020年初至2022年7月，全球陷入新冠疫情，美国增发货币近9万亿美元，相当于疫情期间流通中现金的3倍。但是疫情期间复工复产困难，增发的货币并没有转化为生产力，导致美国迎来了近几十年来最严重的通货膨胀：2022年6月CPI（物价指数）同比增长9.1%，该增幅创了1981年以来新高。为此，美国不得已采取更多的回收货币政策，导致经济出现动荡。

◆ **延伸知识**

经济学家费雪提出的方程式：MV = PT 或 P = MV / T

M：一定时期内交易、流通中的货币数量

V：货币流通速度

P：商品价格的加权平均数

T：商品的交易数量

正常来说，货币的流通速度V在短期内不会变化太大，想保持物价不变（即P不变），货币增发的速度（M）就应该和社会总产出的增速差不多。如果货币增发的速度过快，生产力和消费力并没有提升，就会导致物价飞涨。

◆ **中国的几次货币增发**

20世纪90年代初，中国第一次大量印钱，引来了通货膨胀，因为那时生产力并没有大幅提升；

2001年中国加入WTO后，又大量印钱，因为外贸频繁，美元赚多了，企业要换回人民币，投入再生产，这次印钱拉动了中国经济；

给孩子的财经小课

2008年金融危机，政府再度投入4万亿救市，但是很多钱进入房地产行业，变成"砖头"，生活质量本身并没有改善，老百姓更焦虑。

2022年4月至2023年4月，因为新冠疫情后需要提振经济，我国的广义货币（M2）增量达31万亿元，目前仍在继续。

资料来源：Wind，苏宁金融研究院

中国M2及其增长

以经济学的视角看世界

钱如何才能良性循环？

看了这篇文章，你是否会觉得，政府有时候也很傻，以为多印钱就能解决问题。

并不是他们傻，而是有时候局势复杂，头疼医头，脚疼医脚，想先把眼前的问题解决。但解决了小问题，又带来了更大的问题。社会上的钱流动不起来，就多印点钱，这就好比明明是车的零件坏了，却不断加润滑剂。短期可能会有一定效果，但长期看，却会带来严重灾难。

经济学中有两条原理：

第一，一个国家是不是有钱、是不是富裕，是要看生产出来的有价值的产品、劳动和服务的总量。

第二，交易能够促使财富的增长，因为交易能够让人更方便地获取自己需要的产品和服务，进而鼓励生产。

可是这两条原理并不完全一致。一个国家如果不发行货币，就没有办法有效促成交易。但是即便是大水漫灌，到处都是钱，也未必能转化为让世界良性运转的动力。所有交易，如果都像之前所讲的"炒鞋"等炒作行为，其所带来的所谓收益，是不可能转化为有价值的产品和服务的。因为只有最终能够脱手的人赚到钱，并没有真正去满足更多人的真实需求。

所以，国家印钱是能够促进交易，但如果促进的交易全部都是炒股、炒房、炒大蒜等投机交易，最后的结果也不容乐观，就会产生金融泡沫，甚至引发恶性的通货膨胀。只有新增的钱带动消费之后，又转化为生产的动力，才可能实现良性循环。

没有机油的车固然不能顺滑，但是浸泡在机油里面空打转的汽车也是没有用的，最终可能车毁人亡。

6.

恶性通胀：有的国家多印钱，坑了国民

前文讲到的模型中，国家只有两类人，穷人和富人。如果把"国家"的角色加进去，问题就更加复杂。如果国家印出来的钱既没有分配给穷人，也没有分配给富人，更没有投入科研建设，而是用于其他目的，使得国家手头的钱多了，就相当于国家直接在游戏中作弊，直接占有更多的大米，结果穷人富人都没得到好处。

我们一起看看真实的案例。

一战后的德国：印钱还债

第一个真实的历史案例是20世纪初的德国。1918年第一次世界大战结束后，德国战败，根据战败之后签订的《凡尔赛和约》，德国要支付1320亿金马克的巨额赔款。当时德国已经是元气大伤，还要每年支付巨款，怎么可能拿出这么多钱呢？一战后的德国由魏玛政府执政，他们想了一招：印钱赔款。

一印钱就停不下来了。到了1923年，德国全年货币发行量达到了5万亿金马克，因为印钱太多，导致货币严重贬值。42 000亿马克只能兑换1美元，如此天文数字，是不是很不可思议？据说，当时的德国家庭妇女做饭就直接拿纸币去生火，因为用来点火的一大堆纸币，都付不起生炉子的煤钱。

这就是国家掠夺了民间财富,只不过当时的德国也是无奈之举。

津巴布韦:弥补税收

另一个案例发生在津巴布韦,该国享有"南部非洲粮仓"的声誉,经济水平曾经是非洲第二。后来因为一系列错误的经济政策,津巴布韦的财政收入大幅减少,国家没钱运转。为了弥补税收的缺口,津巴布韦在2000年开始使劲印钱,来维持政府的运作。

2008年底,津巴布韦的经济基本崩溃,国家财政、金融、税收等所有部门无法运作。水电、通信、医疗、教育等社会公共管理职能几近瘫痪,物价飞涨,老百姓根本买不起商品。

这个案例说起来就更加恶劣,政府没钱了,通过印钱来支付政府本该支付的账单,本质上就是刚才我们所说的案例的延伸,国家在跟全体人民争夺利益。

国民党政府:筹集战争资金

我国历史上也发生过类似的情况。1946年,当时我国处于内战时期,执政的国民党政府首要任务是打仗,打仗要买武器、要养士兵,而生产力低下怎么办?只能大量印钱。

当时通用的货币叫法币。1937年,抗日战争开始,那一年100法币能买两头黄牛。当时黄牛是主要的生产工具,相当于今天农村使用的大型拖拉机,对农民来说是非常值钱的资产,也只值50法币。

到了1945年内战前夕,100法币只能买两个鸡蛋;1946年,100法币只能买1/4块肥皂;1948年,国民党战事失利,要印更多的钱维持战争,其结果是100法币连一两大米都买不到。

1949年,国民政府溃败的时候,100法币连一粒米都买不到了。

上过初中的同学一定学过那篇著名的课文《背影》，作者朱自清因为当时物价飞涨，买不起粮食，又基于个人情怀拒绝吃美国的救济粮，最终在1948年病逝。

当时的国民政府通过发行货币掠夺国民财富，把所有物资集中到自己手里去打仗，导致国内物价飞涨，人们手里的货币相当于废纸。

刚才的三段历史有两个共同特点：第一，政府印钱，并不是以"让百姓更加富足"为目的。他们有的是为了弥补之前的政策损失，有的是为了收拾战后烂摊子，有的则是为了发动战争。总之，都是为了满足政府的私利，对国民极不负责任。第二，一旦印钱就会导致物价疯涨，让国民手中的钱全部变成废纸。在经济学上，这种现象叫作恶性通货膨胀。

恶性通货膨胀发生的原因，经济学上的解释非常不一致，主流学者普遍认为，政府不负责任，为了一己私利大量印钱，一定是造成恶性通货膨胀的主要原因之一。

> **恶性通货膨胀（Hyperinflation）**
> 是一种一旦发生就不能控制的通货膨胀，它通过物价急速上涨使货币很快失去价值，成为废纸，最后所有人都失去了财富。

◆ **延伸知识：货币面值，不同国家的相差那么大？**

货币面值就是在纸币或者硬币上标明的数字，方便交易和计算使用。同学们知道世界上大多数国家都会发行自己的货币，但货币的面值具体是多少，每个国家的差异很大。我们先一起来看看全球最主流的或者说使用频度最高的几种货币，面值都是怎么划分的。

据最新的统计数据，全球范围内不同国家和地区发行的货币，按在整个全球支付过程中占的比重从大到小排列，排名前5位的分别是：

排名	币种	纸币最大面值
第 1 位	欧元（欧盟发行）①	500 欧元
第 2 位	美元（美国发行）	100 美元
第 3 位	英镑（英国发行）	50 英镑
第 4 位	日元（日本发行）	10000 日元
第 5 位	人民币	100 元

现在最大的单张面值的货币已经达到了 100 万亿元。100 万亿面值的货币是 2009 年由津巴布韦发行的，创下了吉尼斯世界纪录。它发行这么大面值货币的故事，我在前文中讲过。从这个例子我们可以看出来，一个国家印钱的金额特别大，或者钞票面额特别大，一定是历史上发生过恶性通货膨胀。

日元面值很大，原因是日本战后为了发展经济，大幅印钱。随后经济发展向好，日本政府没有选择进行货币"减肥"。再后来日本陷入了通货紧缩，也就是物价不涨反跌，大家都没有消费欲望。这时国家拼命印钱都没有用，更加不会出现巨额通货膨胀，日元面额一直维持至今。

韩国也是一样，当时为了发展实体经济大量印钱，面额越来越高，只不过韩国政府把印的钱都投入电子半导体行业，国家的经济迅速发展，三星公司还成了世界巨头。经济发展了，也就没有必要再通过恶性通货膨胀去盘剥普通老百姓，和日本一样，他们也没有选择货币减肥。

货币面额大不大，静态上并无直接意义，但是从发展角度，货币面额很大的国家一定发生过恶性通货膨胀，无法确定的只是恶性通胀后，国家超发的钞票有没有变成自己国家的硬实力和生产力。

---

① 欧盟不是一个国家，是由欧洲共同体发展而来，他们共同使用的货币是欧元。

通货膨胀是洪水猛兽吗？

以经济学的视角看世界

正常来说，适度的通货膨胀，国家合理印钱，是对经济发展有利的。经济要发展，国家要不断通过印钱来投入生产，包括科研建设。

亚当·斯密[①]之后最重要的经济学家、宏观经济学之父凯恩斯认为应当适当增发货币，使货币供应量稍大于市场的需求量。物价轻度上涨，货币贬值，而人们为了保持货币的购买力，就会更有热情地去投资，去工作，去赚更多的钱，社会经济就会成长。说到底，政府如果能够通过计划印钱的手段去刺激经济本身，就能让整个社会的经济平稳向上发展。

亚当·斯密曾经提过，政府不应该干预经济，应该把一切交给人民，让他们自由地去参与经济活动，而凯恩斯却不这么认为，到底谁对谁错呢？

现在看起来两个说法都有道理，政府介入过甚，有可能造成不可估量的后果，前面的案例说明不负责任的政府会让整个国家陷入民不聊生。话说回来，如果政府完全放任经济自由发展，不管不问，也容易陷入另外一个问题，就是经济危机。

在一个正常健康发展的经济体中，一定存在适度通胀。温和的通货膨胀，是在提醒每一个家庭每一个人应该努力工作，增加收入，同时还应该积极学习理财知识，持续战胜通胀，家庭生活的品质才可能越来越好。

---

① 亚当·斯密（Adam Smith），英国经济学家，著有《国富论》。

第四课

既要效率又要公平？

财富创造出来，如何让分配既有公平又有效率，是一个亘古的难题。

现代社会，国家既要鼓励大家努力创造财富，按照在生产创造财富的过程中的贡献度进行第一次分配；又要通过财政和税收、货币政策进行第二次分配，以兼顾某些行业的公平和长期的效率；同时还要进行第三次分配，鼓励慈善捐助行为，以公平为整个社会追求的终极价值。

公平和效率孰重孰轻，没有标准答案。在矛盾中找均衡，是应该学会的另外一种思考方式。

1.

教育：为何要关注贫困人群？

关于高考，有一句广为流传的话："高考改变命运。"

如果你从小生活在城市，衣食无忧，可能很难理解这句话的意思。不过，你们的爸爸妈妈对这句话应该很熟悉。他们小时候，我们国家大部分家庭收入不高，如果生活在贫困地区，学费都是全家人节衣缩食换来的。他们努力学习，通过高考读了大学，毕业后努力工作，提高收入，一步步摆脱了祖辈的贫困状态，才有了下一代的幸福生活。

高考能改变命运，本质上是教育改变了命运。今天的世界，仍然有许多人因为贫穷无法接受教育，因而无法摆脱贫穷，陷入恶性循环。

张桂梅：改变贫困女生的命运

"七一勋章"获得者张桂梅，是一位值得尊敬的校长。她创立的云南丽江华坪女子高中，是全国第一所免费的女子高中，学生都是大山里的女孩。自建校以来，这所高中培养出 2000 多名女学生，有的考上了国内著名高校，张桂梅也因此获得"七一勋章"等众多荣誉。

上高中考大学，放在城市里一点都不稀奇。但在重男轻女思想相对严重的贫困山区，考大学对于女孩来说是奢侈的。有的女孩，一出生就被家里抛弃；运气好一点的，读到十几岁就会被迫辍学，回家干农活或结婚生子，家里集中资源供儿子读书。

张桂梅看到这些女孩的现状，非常难过。她认为，女孩接受教育，不仅可以改变自己的命运，还能教育自己的孩子，改变孩子的命运。所以，她想尽办法办一所免费的女子高中。因为高中不是义务教育，贫困山区的家庭不可能为女孩交钱上学，办免费女子高中意义重大。

要实现这个"想法"，困难重重。首先，办学校需要按照国家规定提出申请，走报批流程，这个过程就需要花费大量资金。张桂梅利用假期，用自己的教师证，以及能找到的一切资料，甚至用"乞讨"的方式来募集办学资金。后来她的善举感动了新华社记者，为她写了一篇新闻报道，她的"初心"终于变成了现实，免费女子高中建起来了。

虽然有了免费的高中教育，但许多家长还是迫于生活压力，让女儿辍学养家。大山里的女孩没有学习氛围，自己也不愿意继续努力上学。张桂梅逐户家访，苦口婆心地把学生一个个往回劝。

在张桂梅和师生的共同努力下，丽江华坪女子高级中学的高考一本上线率从2011年的4%，提高到了2019年的40%，排名丽江市第一。从2008年建校到2022年，张桂梅让2000余名女孩走出滇西贫困大山，成为教师、医生、军人、警察……张桂梅说，我不需要孩子们走出大山后能感激我，我希望她们能比我过得幸福。

贫困研究是经济学的核心领域

回到开始的话题，我们为什么要关注贫困世界，这和经济有关系吗？对贫困的研究，是经济学中核心的研究领域，在经济学的教材中通常都会有专门的章节来讨论"收入不平等和贫困"问题。

2018年的数据显示，世界上贫困人口最多的国家是非洲的尼日利亚，有8700多万贫困人口；第二是亚洲的印度，有7000多万贫困人口。

◆ **延伸知识：贫困标准**

按照世界银行 2015 年划定的贫困标准，每人每天生活的全部花费（包括衣物、生活用品、食物和住所等）折合成美元低于 1.9 美元（约 13.8 元人民币），就属于极度贫困。从 2022 年秋开始，世界银行的贫困标准调至 2.15 美元（约 15.6 元人民币）。

每天 15 元，是不是还不够你们买一杯奶茶？

中国的贫困标准略有区别，以 2010 年农民人均年收入 2300 元为基数，考虑物价因素，2021 年最新一种说法是，中国的贫困标准是户均年收入 4000 元左右，平均每天约为 11 元，略低于世界标准[①]。

2021 年，对于中国而言是至关重要的一年。从 2013 年到 2021 年，中国用了 8 年时间让 1 亿人脱贫，832 个贫困县全部摘帽，提前 10 年完成联合国 2030 年可持续发展议程的减贫目标。

中国的贫困标准与世界标准相比是高还是低，仍存在争议。但中国的精准扶贫工作，是对世界的一个巨大贡献，这是无可争议的。

全世界对解决贫困问题都高度关注。2019 年，诺贝尔经济学奖颁给了 3 位对贫困这一课题做出有建设性贡献的经济学家。其中的 2 位经济学家班纳吉和迪弗洛合写了一本书，名叫《贫穷的本质：我们为什么摆脱不了贫穷》。该书中，他们也提到了教育的问题：为什么在很多贫穷地区，即使教育是免费的，也没有人来学习呢？为什么 TA 们不爱学习呢？就像张桂梅校长所在的云南滇西山区，就算是免费教育，也有很多爸爸妈妈不愿意让孩子去上。

穷人的孩子不上学，有三个原因：其一，学校教育质量低下，老师缺席，上学纯粹是浪费时间。其二，很多家长忽视教育的好处，教育回报往往在十几年之后，这让很多家长看不到投资价值，只关注孩子当下挣到的钱。其三，很多学校以培养精英为己任，不少孩子在起步阶段因为赶不上

---

① 汇率有浮动，此为 2022 年 10 月 24 日的汇率折算。

进度而被放弃，很多孩子不喜欢上学。

《贫穷的本质：我们为什么摆脱不了贫穷》的作者认为，应该降低家长和学校的期许，让学校教育真正为贫穷的孩子服务，让他们放慢学习的节奏，学习一些实用的知识和技能，而不是一定要他们以考上某某名校为目标，消除那种考不上名校的孩子就会被放弃的观念。

这个建议很有道理，贫困山区的孩子，如果能学一门技能，在城市里立足，让家里迅速看到好处，他们的学习欲望会更强。真正改变家庭命运的是一代又一代的接力赛，而不是一代人能够考上顶级名校的突围赛。

以经济学的视角看世界

经济学不是投资学

我在大学的金融系和统计系给大学生讲课，每年也会担任相关领域的硕士论文评审导师。身边很多朋友的孩子遇到经济类的学术问题，都会找我交流。我发现孩子们关注的议题集中在股市、房地产行业、风险投资等方面。也就是说，当我们想到经济学，首先想到的是投资获利，其实投资学只是经济学的一个分支。

投资学要关注的是已经有钱的人怎么利用自己手中的钱变得更有钱，而经济学还要关注那些更加贫困的人怎么样能获取生活幸福所需要的产品和服务。这是两者之间的区别。目前，关于贫困的经济学研究，已经成为全球性议题。

很多读经济相关专业的同学，总是希望靠学经济和金融让自己一夜暴富，这本身不是经济学的研究目的。用什么样的方式能让社会生产更多的产品和服务，由此惠及所有的人，才是一个经济学者应该思考的问题。

2.

税收：国家为什么要收税？

我儿子小时候问过我一个问题："爸爸，你说我们城市的公路、大剧院是政府花钱建的，政府的钱又从哪儿来呢？"

你们是否也曾经有过这样的困惑？

答案是主要从税收里来。

作为国家的管理者，政府本身并不直接从事生产活动，税收是政府维持日常管理所必须有的收入，这是国家正常运转的重要一环。税收是怎样诞生的，国家收税为什么是合理的，纳税为什么是每个人的义务？我们来聊聊这一系列的问题。

我国税收的起源与发展

在 4000 多年前的夏王朝，人们还处于原始社会末期，就已经有了税的雏形。最早的税被叫作"贡"，是每个人为部落做的贡献。当时的华夏民族已经是农业社会，但粮食产量不高，不够吃的部落会去抢粮食。为了自卫，部落开始有了专门保卫粮食的战士。其他老百姓把种的粮食上交一部分供养战士，以便自己能专心生产。

由此可见，税收是社会分工的必然产物。

夏朝的税收只是雏形。夏朝、商朝和西周的土地全部归属于国家或者部落，一般百姓在公家土地上种粮食，上交一部分粮食给公家，还不能算是现代意义上的税，更像是支付用地的租金。

春秋时期的鲁国承认有钱人拥有自己的土地，这片土地上产出的粮食为土地主人私有，地主只需向国家上交一部分粮食，这是中国税收史上的里程碑。

我国税收历史上的第二次重大变革，是从实物租税（实际上还包括劳役形式）向货币租税的转变。第一个重要节点，是1200多年前唐德宗时期宰相杨炎提出的"两税法"，接受货币折算过去的实物租税；后来，明代张居正的"一条鞭法"，则更强势地推行了货币缴纳模式。

不过，古代传统社会里，税收更多是皇权的一种体现。老百姓交了税后，到底能不能得到国家的保护和服务，没有相应的制度保证。老百姓只能祈求遇到明君，愿意把收到的税用之于民。

税收是一种契约行为

现代税收制度和我国古代的税收制度不一样，用英国的哲学家、政治家托马斯·霍布斯（Thomas Hobbes）的话来说，税收是国家和公民之间的交易。

国家垄断了权力，建立了军队和公安系统来保卫国家领土，保证每个公民的安全，还给公民提供靠个人力量无法建设的公共服务，比如修建道路、医院、学校、公共厕所、图书馆等；作为公民，为了换取国家的保护和服务，不仅有义务放弃自己一部分自由来遵守国家的法律，还要向国家支付一定数量的实物或货币，这就是现代税收的意义。

从这个角度理解，现代税收本质上是契约行为，国家的存在是为公民提供公共服务的，收税的目的是维持国家的正常运营。公民享受国家公共服务，通过纳税支付一定成本。纳税是对等的义务，老百姓作为纳税人，也有权力监督税款的使用。

增值税与所得税的差异

我国现行18个税种

按照征税对象来划分，我国征收的税种有18种，常见的有所得税、增值税、消费税、环境税、关税等。

个人所得税和增值税，是我们日常生活中见得最多的。

在职场工作的成年人，都会领工资，包括你们的爸爸妈妈在内。拿到手的钱叫税后工资。这笔钱，扣除了他们向国家缴纳的那部分钱——个人所得税。所得税，简单理解就是只要企业或个人获利，就要从获得的利润中拿出一部分钱上交给国家。获利高的人多交税，获利少的人少交税。

买东西付款时，我们就已经支付了一部分钱给国家，这部分税款属于流转税，最常见的流转税是增值税。交易过程中，只要有一样产品或服务卖出的价格比进价或成本高，国家就从差价中收取增值税。

看起来两个税很像，其实完全不同。你去文具店里买了一支售价为5元钱的笔，这支笔文具店进货价是1.5元，按照增值税的计算方法，文具店赚的3.5元差价中，要向国家支付约0.45元的增值税（具体算法太复杂，这里不细讲）。这家文具店每月的经营收入不一样，有的月份没有赚钱，甚至亏损。没有利润的月份不用缴所得税，但增值税必须缴。

商家只做了一笔生意，铺租没交，工资没发，也不知道这个月有没有赚到钱，就要先缴增值税。为了维持经营，商家干脆把增值税当作商品的一项成本，算进商品价格，转嫁给消费者。

由此可见增值税和所得税的差异：所得税征收的对象是最终经营获利者，而增值税的最终征收对象是消费者。

我国税收中，增值税是绝对的第一大税种。从2010年起，每年增值税征收总额占全国总税收的30%以上，2021年的增值税占总税收的36.8%。企业所得税和个人所得税，一共占总税收的32.4%，不及增值税。但在2022年，由于疫情影响，企业经营困难，国家下调了企业的增值税税率，增值税占比下降到30%[①]。

发达国家：征收所得税为主

如果把眼光放大到全世界，很多国家都是以增值税为主要税种，也有国家以征收所得税为主，征收对象是最终能赚到钱的人，而非消费者。这个差别背后有历史原因。

过去，我国经济发展较为落后，公共资源不发达。要想在短期内快速集中公共资源，多修公路、修高铁等，为经济发展打下基础，就必须要在短期内提升纳税的效率和金额。因此，征收效率较高的增值税，成为了我国的第一大税种。

---

① 2022年我国税收总收入为16.1万亿元。排名第一的是增值税：48 717亿元，占比约30%；第二是企业所得税：43 690亿元；第三是消费税，16 699亿元；第四为个人所得税：14 923亿元。企业所得税和个人所得税的总和是58 613亿元，占比36%，高于增值税占比。

在有的发达国家，国民收入较高，征信系统很成熟，征税的制度也相对完善，公民和企业如果弄虚作假，没有根据真实所得报税，会受到非常严厉的法律惩罚。发达国家所得税征收的效率很高，能维持国家的良好运转；赚到钱再缴税，也会降低整个商品交易的成本，大家觉得更安心。

相信随着我国经济发展和诚信制度的建立，税收制度也会逐渐发生改变。赚钱越多的人，需要缴纳的税款额度理应越高。

一家著名银行曾经公布过一组数据：世界上 50% 以上的财富，集中在不到 1% 的人手里。巨大的贫富差距让人觉得不公平。要向富人征收更多的税，尤其是遗产税，以缩小贫富差距，这样的声音从来就没有停止过。

该不该向征富人更多税，让社会更加公平？我们下一节再聊。

通过收税调节不同起点的人

以经济学的视角看世界

国家存在的意义是什么？这个问题已经超出经济学研究的范畴。公认的观点是，国家的存在就是让整体国民都能够受惠，有些人天生生活在不同的地方，具有不同的起步的台阶，最终能够赚到的钱不一样，国家通过税收的方式进行调节也是理所应当的。

有一种极端的说法是，国家存在的意义就是收税。我不敢苟同。但至少通过收税调节不同起点的人，让更多的产品和服务惠及大众，达致总体的生活水平提高，是一个国家的重要使命。从这个角度，国家的地位至少在目前阶段是不可动摇的，应该让国家发挥更大的作用。

富人税：有钱就要多纳税？

我今年14岁的儿子，前几年有个梦想是"当老板"。问他为什么想当老板，他说："这还用问，老板有钱啊！"

我故意告诉他，一个有钱的老板，像马斯克、马化腾，交的税是非常高的。在有的国家，富人去世后，其继承人要交遗产税，税率接近50%。

当时他特别惊奇："这是为什么？太不公平了！我凭自己的能力赚钱，为什么要交这么高的税？"

看来，这是很多孩子的第一反应。

是否应该向富人多征税，本质上讨论的是贫富差距问题，这也是当今经济学研究的热门领域。

向富人多征税，对穷人有利？

主流价值观认为，人生而平等，但因为复杂的历史、地理、政治及个人生长环境等诸多因素，并非每个人都能拥有同样的成长资源。发达国家里，人均收入高，社会福利和生活水平好；但在贫困国家和地区，孩子连基本的吃饱穿暖、读书上学需求都很难实现。如果贫富差距拉大，必然导致极端贫困人群完全失去希望，不愿意工作，更加依赖救济，由此滋生出许多犯罪行为，导致社会不稳定。

国家向公民征税，集中税款重新分配，其中一个重要目的就是通过社会保障福利措施，改善穷人的生活，实现一定程度的财富公平。从这个角度看，向富人多征税似乎无可厚非。首先，富人垄断大量财富，多征税不影响他们的收入。其次，能力越大，责任越大，富人应当更多回馈社会。因此，不少政府官员和经济学者都赞同向富人多征税，由政府以税收来帮助穷人。

比如法国经济学家托马斯·皮凯蒂，就在曾经获得欧洲经济学大奖的著作《21世纪资本论》中深刻讨论了这个问题。他指出，世代传承的富人家族的资产回报率往往高于世界经济的平均成长率，这样一来，这些家族会变得越来越有钱，而有才华的人却未必能够实现财富的增长。只有向富人多征税，才能从根本上解决世袭的不平等现象。

许多富豪也赞同这一立场。微软创始人比尔·盖茨说过，他自己不需要那么多钱，多余的财富应该帮助更多穷人，实现更多价值。也有专家学者和富豪反对向富人多征税。他们甚至认为，富人应该减税，这样他们才有更多资金投入再生产，创造更多的财富和就业机会，从而创造更多的税收给国家。

著名的经济学家、哈佛大学经济学教授曼昆也强烈反对向富人多征税。他曾经公开写文章表示，对最高收入人群增加税收，这个群体往往会有许多合理的避税方法，社会的中间阶层却会因此受到连带效应，要交比以前更多的税。这部分人的收入远不及富人，一旦税收加重，生活负担就更重，甚至会陷入贫困。

到底怎样理解这两个完全相反的观点？社会发展中的公平与效率应该如何平衡？

公平与效率原则

公平，简单理解，就是"人人平等"。效率是指整个经济的发展速度。效率让全社会的"蛋糕"快速做大，而公平让大家每个人都分得一样的"蛋糕"。

到底是"做蛋糕"重要，还是"分蛋糕"重要？如何在公平与效率之间找到平衡？古往今来，大部分经济学者都认为公平与效率不可兼得。国家或牺牲部分效率以达到更公平，或牺牲公平追求更高的效率。

古代的哲人也一样关注公平和效率的问题。古印度佛学典籍《百喻经》中有一个寓言故事《二子分财喻》：

> 昔摩罗国有一刹利，得病极重，必知定死，诫敕二子："我死之后，善分财物。"二子随教，于其死后，分作二分。兄言弟分不平。
>
> 尔时有一愚老人言："教汝分物，使得平等，现所有物，破作二分。云何破之？所谓衣裳中割作二分，盘、瓶亦复中破作二分，所有瓮、缸亦破作二分，钱亦破作二分。如是一切所有财物尽皆破之，而作二分。"如是分物，人所嗤笑。

一位富商得了重病，临终前他让两个儿子平分财产。他去世后，两个儿子遵守父亲遗言，准备平分遗产，如何才能做到真正的"平分"呢？有一个老人给他们出主意，把父亲留下的所有东西，从中间对半剪开、破开，不就平分成两份了吗？兄弟俩把父亲留下的衣物、家具、甚至钱都从中间切开，终于做到完全平分。结果所有的财物都没有了价值。

故事给了我们一个启示：绝对公平并不存在。向富人多征税，并不是简单的"劫富济贫"，其中也蕴含着公平和效率之间的平衡问题。对高收入的人群征更高的税，让穷富没有差距，谁还会愿意努力工作，创造财富？这已经是欧美不少高福利发达国家面临的严峻问题。

遗产税的风波

我们看看财富税如何对富人产生心理影响。财富税就是对个人财富总量征收一定比率的税款，遗产税是其中最有代表性的税种，即对去世的人留下的遗产征税。

2020年10月，韩国首富、三星集团会长李健熙去世，留下了个人遗产26万亿韩元（约1416亿元人民币）。韩国的遗产税之高，世界闻名，李健熙的继承人们要缴纳12万亿多韩元（约600多亿元人民币）的遗产税。这么大一笔遗产税，富可敌国的继承人也不可能一下拿出来，需要变卖股权、不动产，申请分5年缴清。

遗产税高昂，很多富人家庭会想办法去避税，干脆直接移民。如果出现这种情况，反倒会让国家的经济受损失。一些经济学家的观点认为，为了换取更大的财富公平，结果就可能牺牲了效率。

如果不向富人多征财富税，虽然是在鼓励富人把企业做大，增加了效率，却也大大加剧了贫富差距。还以三星为例，韩国的普通人都会认为自己不是生活在韩国，而是生活在三星集团。因为这个公司实在太大，韩国人的衣食住行都离不开它，韩国下层民众自然会对三星集团产生仇富心理。如果不对富豪征收财产税，可能会造成社会动荡。

我们国家就没有开征遗产税，但是随着中国内地经济的迅猛发展，有的专家认为，征收遗产税的时机已到。与之相反的是，奥地利和新加坡于2008年取消了遗产税；而美国逐年提高遗产税的起征点，从1976年的60万美元，提升到现在的1170万美元。

应不应该向富人多征税，放到实操层面讨论仍没有定论。这取决于一个社会处于什么样的状况，国家的发展处于什么阶段。

换一个视角：富人只是替世界保管财富

如果我们从更高层面去审视财富问题，又是另外一种视角。单纯从财富价值角度看，人富裕到一定程度，并不真正拥有自己的财富。无论是一个拥有1000亿元的富翁，还是一个生活无忧的中产或是穷人，他们生存需要的空气、水和食物区别不大。你只不过是替这个世界保管财富，最终富人一定要让他临时保管的财富更好地流转，让这个世界变得更好，才配得上保管的责任。超级富豪保管了财富，如果只是为了世袭家族过着纸醉金迷的生活，终究有一天，财富会从后代手中流逝，重新流转回社会。

如果真像某些富豪所说，把更多财富投入更多的生产创造中，就会创造更多的就业机会，为社会创造更多的价值，那是否多征税也就没有区别，最终都要还给社会。

想成为富豪的理想没错，但必须怀有敬畏之心。只有让自己的财富更好地流转，为社会创造价值，一个人才算配得上拥有这些财富，也最终有可能成为富豪。

公平与效率是永远的难题

以经济学的视角看世界

国家通过税收调节收入差异，会让更多的人受惠，让更多的人分享经济成果；可是当所有的人都贫富均衡，就失去了向上的动力。这就是所谓经济政策的左派和右派的根本区别。

经济学永远难以处理和协调的，或者说一直在研究的终极难题，就是公平与效率的问题。过于追求效率的社会就会不公平，过于追求公平的社会就没效率。如果完全没有了效率，公平也会受到冲击。可是片面地追求效率，没有了公平，又会让整个社会动荡，大家分享不到成果。

这或许是一对永远的矛盾。该不该向富人收税，也应该因时因地制定不同的政策。

4.

医保：让家庭不再因病返贫

城市的孩子，只要爸爸妈妈是公司员工，一出生就已经参加了医保（"社会医疗保险制度"的简称）。上学后，学校也会统一安排学生在学校参保。

说到"医保"，有的人可能会马上想到治病，它跟财富重新分配有什么关系呢？

> **医保**
> 专指国家主导的社会医疗保险。中国的公民，只要参加了医保，生了病去医院看病买药或者住院治疗，都有相当一部分医药费由国家的医保帮我们支付，以此减少公民看病的花销。医保有一个报销范围，只能在范围内报销相应的药品和治疗费用。

医保的诞生与发展

社会保险制度，就是通过社会的手段，将生产中产生的财富，一部分交由国家统筹，再给到有需要使用医保看病的人。他们未必是在工作中创造价值更高的人，而是患病更需要钱的人。

从这个角度看，医保制度是离我们生活最近的财富重新分配方式。没有这种重新分配，就会有很多人因病返贫；医保让奋斗有了底线，这也是二次分配的目的。

◆ **历史知识：医保制度的诞生**

最早的医保制度雏形要追溯到古希腊、古罗马时代，那时就有专为贫民和军人治病的国家公职人员。但这一制度真正发展起来，是在18世纪工业革命后。

工业革命时期涌现了大量的产业工人，他们干活多、休息少，吃得也差，工资待遇还不高，生病受伤是常事。一旦因病因伤停工，工人就更加赚不到钱。于是，他们成立了一种互助组织：大家都掏一点钱汇集起来，谁家有病有伤，组织就拿钱支援，帮其渡过难关。这种互助众筹的方式很有效，很快在各个行业流行了起来。政府也开始借鉴这种模式，建立医保制度。

1883年，德国首先颁布了《劳工疾病保险法》，规定收入低于一定标准的工人必须参加疾病基金会，基金由雇主和雇员共同缴纳而强制筹集，这标志着世界上首个具有社会保障性质的强制性医疗保险正式创立。

后来，这一制度被各国争相效仿，医保制度已经成为世界上大多数国家最重要的经济互助制度之一。

中国全民医保制度

中国1998年正式实行全民医保制度，根据参保对象不同，分为农村、城镇、城乡和职工医疗保险等类型，都是由国家主导的医疗保险制度。

你们父母如果在职场工作，他们本人和所在单位每月都要向国家医保机构缴纳一笔钱。你们大多是未成年人，父母也会每年替你交一笔钱，与此同时，政府还会进行补贴。一旦交钱参保，以后生病去看医生或者住院治疗，只要在医保报销范围内，就能报掉大部分费用。

我国虽然起步晚，但是医保推行非常有效，现在95%的中国人都参加了医保，医保基金也维持了相当大的规模。短短30多年，国家管理的医疗基金结余已经超过 3 万亿元。

天价药并非都能进医保

前两年，曾经有一则新闻广受关注，有一款专门用来治疗婴儿罕见病脊髓性肌萎缩症（SMA）的特效药，被我国基本社会医疗保险纳入了报销范围。

过去，80% 的 SMA 患儿活不过 1 岁，这款特效药曾经因 70 万一针的天价引发热议，后来降到了 55 万元一针，价格依然远超大部分家庭的承受能力，以致很多患儿的治疗被耽误，患儿家庭经济陷入绝境。如今，这款特效药经过国家医保局谈判代表的"灵魂砍价"，价格大幅下降，以 3.3 万元一针，成功纳入医保报销范围，SMA 患儿终于看到生的希望。

这些罕见病的特效药之所以会卖到天价，是因为研发成本高。有一种夸张说法，研发一种新药需要 10 年时间，10 亿美元的投入，这就是所谓的"双十原则"。

罕见病的药特别贵，除了研发成本之外，还和患者的数量有关。若全国每年约有 1000 万人患感冒，感冒药就算花 10 亿元研发费用，平均到每个人身上的研发成本也不多。但是罕见病发病率极低[①]。上文提到的 SMA 患者约 3 万人，研发成本平均到每个患者身上，罕见病的药自然会很贵。过去罕见病患者很分散，特效药上市很难直接找到患者。药企为尽可能在短期内收回成本，首先选择把药卖给有钱人，导致定价虚高。

对于大多数患者，动辄几十万元一针的自付定价，可望而不可即。对于企业来说，研发一款卖不出去的药，肯定不是最终目的。如果能降低成本、降低售价，进入医保也是很多天价药的好出路。当这款天价药降到 3.3 万元一针后，医保马上就把这款药纳入报销范围，这恰恰说明了医疗保险

---

① 根据我国针对新生儿的罕见病定义，罕见病的发病率一般要小于万分之一。

制度的优势。

现在全国 95% 的人都加入了医保，包括这 3 万名罕见病患者。医保制度给医疗机构和药品开发商带来大量的患者，研发成本和研发风险会大幅降低，这是三赢的局面。

现代医保制度的作用已经不仅仅是过去把大家的小钱收集起来来对抗风险，而是成为医疗机构和患者之间的信息交流渠道，使得信息传导更有效率，降低整个社会的成本。

当然，目前还有很多天价药没有被纳入进来，例如 2022 年底进入国家医保药品初步审查名单的天价抗癌药 CAR-T 产品阿基仑赛注射液和瑞基奥仑赛注射液，每针报价超过 120 万元。这些天价新药最终能不能进入医保报销范围，很多患者都在焦急等待。

以经济学的视角看世界

医保也是一种税收制度

某种程度上，医保也是一种税收制度，它通过有收入者缴纳的保费，给全民提供医疗保障。

社会发展的一个标志，就是医学的发展让人们身体越来越健康，寿命越来越长，可是收入相对不高的人无法享受这种成果，这显然是社会的不公平，也是经济发展的死角，通过医保能够大幅解决这个问题。

好的医保政策是一个健康经济制度必不可少的，建立好的医保政策也是国家必须承担的使命。

救市：为什么不直接发现金而是发消费券？

2020—2022 年，新冠疫情期间，很多国家和地区的经济都遇到困难。在一些城市，政府开始大发消费券，刺激经济复苏。不知道你们家人有没有在网上抢过消费券？

既然消费券可以抵销一部分的钱，政府为什么不直接发钱，而是发券？可能不仅你们有疑问，老百姓有疑问，就连有的经济学家或者人大代表也提出了异议：想帮助穷人，不如直接发钱。

各地的消费券实践

中国最早的消费券出现在 2009 年前后。2007 年爆发了世界经济危机，多个国家经济出现问题。这场危机持续了两三年，到 2009 年，作为出口大国的中国，外贸订单减少，很多中小外贸企业倒闭[①]。当时很多人对经济失去了信心，做好勒紧腰带过苦日子的准备，消费欲望降低。

为了恢复经济，广东东莞、浙江杭州、江西等省市地区想到发放消费券（包括购物券、旅游券、教育券）。今天我们拿到的是电子消费券，当时的消费券还是纸质的。杭州发了约 3 亿元的旅游消费券，游客每消费 40 元

[①] 林素钢. 对"消费券"政策的理性分析——消费券的效果评价及政策建议. 价格理论与实践，2009(3): 15-16.

可以抵扣 10 元，此举吸引了众多游客到杭州旅游。

2021 年 3 月，杭州政府发了近 5 亿元的电子消费券，商家也搞了相应的优惠促销活动，短短十来天，带动了杭州 12 亿多元的消费。根据中国人民银行广州分行数据，截至 2022 年 5 月 7 日，广东当年的促消费行动，累计投放金额约 6 亿元，转化消费交易超 35 亿元，惠及实体商户近 22 万家。从 2020 年初疫情开始到 2022 年，数十个省市都开展了发放消费券的行动。

消费如何刺激经济发展？

政府发的消费券和商家给的优惠券，形式都差不多，有什么区别？两者的目的不一样。商家发优惠券是为了提高竞争力，本质上就是打广告。商家打广告要自己花钱，要考虑成本。政府发消费券是为了促进当地的消费和经济发展，相当于给大家发额外福利，不计成本。

买东西为什么会促进经济发展？道理很简单：如果大家都不消费，很多行业尤其是饭店、商店就经营不下去，员工收入骤减甚至失业，无法养家，又进一步影响消费，构成一个恶性循环。久而久之，社会陷入停滞，甚至倒退。疫情期间，政府针对中小企业出台了很多政策，比如减免房租、减少税费，希望企业可以支撑下去。但是，仅靠这些"减负"的扶持政策还是不够，人们真正愿意消费，才能让经济走向正循环。这就是政府大发消费券的原因。

为什么不直接给钱？

新冠疫情导致经济陷入困境，很多国家选择直接发现金。

在国内，对于发现金还是发消费券也有争议。北京大学国家发展研究院名誉院长林毅夫和清华大学社会科学学院教授李稻葵都曾公开建议，要对受影响较大的居民给予现金补助，稳住未来的消费。也有声音指出，应该以消费券结合现金补助的方式，针对不同的消费群体，实行不同的刺激消费策略。

为什么地方政府喜欢给普通市民发消费券？以南京市发放的图书消费券为例，图书消费券一份面值50元，限定的使用时间是4月和5月。南京人领到图书消费券，他原来可能没有买书计划，领到券后，他觉得不买就亏了，于是他去书店买了100块钱的书，凭着消费券抵扣了50元，实际支付给书店50元。书店就拿着消费者的50元图书消费券，向政府兑换回现金50元，等于是书店卖出了100元的书，买书人和政府各出了50元。书店收到100元后，首先要考虑的是去付房租，然后是给员工付工资，继续进货，把这笔钱继续花出去。这样它的上游企业及其员工也有收入，也去消费，钱就慢慢流动起来。

如果政府把现金直接发给老百姓会怎么样？很多人就会担心，疫情当下，大家收入降低，多拿到50元现金也不会有消费冲动，钱也仍然无法流动。只要经济不恢复，这种争议就永远存在。

多发钱解决不了问题

> 以经济学的视角看世界

我们前文说过，多印钱、多发钱其实解决不了真正的商品和服务问题，它只会造成更多的分配不均。

向穷人发消费券却不同，因为消费券可以直接促使他们购买自己所要的商品和服务，存起来或流转到其他人手里都是没有用的。通过消费券带动消费，再让整个社会的生产提供服务的能力增强，国家亲自买单，让企业赚到利润，这远比在经济困难时印钱发钱有用。

记住，让钱流动起来，经济才能进入良性循环。如果以后你的城市发消费券，你们刚好也抽到了，不妨和爸妈一起出去花掉，也算是对中国经济复苏做了贡献。

6.

养老金：老人不上班，为何有钱拿？

8岁的小女孩丽丽，暑假里回老家，爷爷奶奶买给她一堆好吃的好玩的。爷爷奶奶还说："有什么想要的告诉我们，我们有钱，退休工资用不完。"

丽丽很好奇，爸爸妈妈平时上班赚钱，爷爷奶奶已经退休不工作了，为什么还有人给他们发钱？究竟谁给他们发钱？这是个非常值得讨论的问题。

爷爷奶奶领的是养老金。养老金背后有一套很复杂的社会养老保险制度在运作。

为什么要有养老保障？

世界上每个人都会老，都会有一天失去工作能力，在不工作之后还要生活很长时间，怎么维持他们的生活？这是每个社会必须负起的责任，所以必须建立起一套制度，可以说它跟我们每一个人都是息息相关的。

社会养老保险怎么构成？政府每个月给老人发养老金，背后是国家的社会养老保险制度在运作，到底啥是社会养老保险制度？

这个制度的基本表现形式，就是当你有工作时，政府要求你每月把工作收入的一部分按比例交给养老保险部门，由国家统一管理。当你退休了，就可以根据一定制度，从国家的养老保险计划中提取养老金。

爷爷奶奶之所以现在每月能够领到养老金，是因为他们年轻时向政府缴纳了养老金。现在大部分国家都在建立这种社会养老保险制度，为的就是保护每一个曾经为国家做过贡献的人，他们理应在没有工作能力时受到国家保护。从这个角度来看，社会养老保险制度是一个国家给每个国民提供的最基础的福利和保障。

社会养老保险源自德国

社会养老保险并非中国首创，它最早诞生于19世纪50年代至60年代的德国。当时德国的工业大发展，工人很多，但是由于当时的工作环境很恶劣，工作强度也很大，工人很容易因为受伤和生病失去劳动能力，陷入极度贫困，更加不要说养老了。可是当时的企业却不愿意额外负担工人不能工作时候的收入，包括因为伤病和年老，以至于企业和工人的矛盾越来越尖锐。

当时的德国首相俾斯麦想了一个办法，他要求工人拿出一定比例的工资向政府指定的机构缴费，企业也按照相同的比例向该机构缴费。这个机构就用双方缴的钱建立了一个基金，汇总管理和投资，并且向工人承诺，在他们年老不能工作后，能折合一定的投资回报率，连本带利地拿回这笔钱，这个形式就叫基金制社会养老保险。之所以叫基金制，是因为它跟现在理财市场的基金有点像，大家把钱交给基金公司，由基金公司投资管理。基金制的好处在于人们在年轻的时候交钱，数十年后才能领退休金，管理机构有足够的时间投资，短期支付的压力不大。

20世纪40年代，德国因为第二次世界大战战败，短时间内要向世界各国交付大量的战争赔款，经济遭受重创，甚至连养老基金都被动用了，更不用说投资回报了。政府只好对养老保险制度进行改革。1957年，德国开始把同一时期工作的年轻人交的养老保险，汇总到国家养老基金里，再给当期已经退休的老人发养老金，"一进一出"之间的跨度，通常只有一年，非常短，这种制度被称为现收现付制。

如此操作后，养老金的支付压力减轻，眼前的困境算是解决了。各个国家也纷纷效仿德国。

现收现付制的优缺点

我国 1984 年开始实行现收现付制的社会养老制度，这一制度虽然能解决当下问题，却有致命缺点：特别容易受到人口年龄结构的影响。

现收现付制是在 20 世纪中叶火起来的。当时，欧美各国处于人口出生高峰，年轻人多，工作人口也多，交的养老保险当然更多，支付当期退休老人的养老金没啥压力，还能有结余。

但是，20 世纪 80 年代，欧美发达国家的人口出生率开始急剧下降，我们在第三课也提到过。直至今天，欧美国家的养老金支付都出了大问题。有一本学术著作，预估美国的养老基金将在 2037 年耗尽。后来，这股趋势也迅速蔓延到了亚洲，韩国已经是全球出生率最低的国家。

我国的状况也并不乐观。据前几年社科院的一个精算报告预估，2035 年我们的社保养老金余额会耗尽，比美国还早两年。这是因为我们国家从 20 世纪 80 年代开始实行独生子女政策，限制人口出生数量，人口结构恶化速度比欧美国家要快得多[1]。

与此同时，其他条件也发生变化：生活条件和医疗条件提升，人们寿命大幅延长。中国在 1949 年前的人均寿命仅约 40 岁。新中国还没有建立社会养老保险制度的时候，城市职工也有退休保障，那时要领到这笔钱的年龄要求是 55—60 岁，高于当时中国人的平均寿命。今天，中国人的平均寿命直奔 80 岁，领养老金的人越来越多，领的时间又越来越长。

这个和进水出水的数学题同一个道理：有这么一个水缸，进水管和出水管同时打开，如果进水管进水的速度快，出水管出水的速度慢，那么这个水缸里的水就会越来越多。可是，当进水管进水的速度赶不上出水管出

---

[1] 详见第三课"人口下降"一节。

水的速度的时候，水缸的水就会越来越少。

我国目前也面临这样的困境，进水管越来越细（出生率下降，交社保的人减少），变细的速度也越来越快，出水管却越来越粗（老龄化社会，领养老金的人多了），我们的养老金就像水缸里的水，迅速变干。

为什么养老压力大，养老金还年年涨？

虽然现在全世界政府都很头疼，但如果你们跟爷爷奶奶聊这个事，他们肯定会说："有什么想吃的想玩的告诉我，我的养老金又涨了。"一边有人预估我们 2035 年之后水池里就没水了，另一边养老金领取的标准还在不断上涨，这是为什么？

先看看几个真实数据。从 2005 年到 2021 年，国家发给退休老人的养老金已经连涨 17 年，在前 11 年，每年上涨 10%。近几年随着我们的经济增速放缓，涨幅也逐渐下调，2021 年的涨幅为 4.5%。

现在我们国家的养老基金的余额，也就是水池里的水还在不断上涨。虽然近几年我国的出生率在下降，但在工作的交养老金的主体，就是你们的爸妈和我这一代人的数量还是相当巨大的。我们工作特别努力，近十几年中国的经济发展也不错，交的养老金也多，所以爷爷奶奶的养老金能够不断上涨。

可是正如社科院预估的那样，这种好事会迅速消失。原因前面已经说过，以前实行只生一个的计划生育政策，改变了人们对于生宝宝的态度。现在国家开始呼吁更多家庭多生孩子，这样未来能够有更多的人交社保，你们的爸爸妈妈才能维持现在老人的幸福退休生活，可是目前的政策还没有什么明显效果。

为什么说我们要提前准备养老金？

人口老龄化和养老金的问题，对你们而言，看似非常遥远，毕竟你们的人生才刚刚开始呢。

但是你们需要意识到，当你们这一代人长大，大家更加不愿意生孩子了，而人均寿命更长。

给大家推荐一本书：两位伦敦商学院教授合写的畅销书《百岁人生》。这本书研究的主题就是在未来长寿时代，社会经济会发生什么变化？根据这本书的研究成果，你们平均寿命可能会超过 100 岁，甚至是 105 岁。根据之前所讲的这些基本事实，可以想象一下那个时候退休金的压力有多大。

我非常鼓励你们，从走出校门，有了第一份收入的那一天开始，就着手准备养老金。

养老金的效率与公平

以经济学的视角看世界

公平，不仅面临地域性差异（落后地区、发达地区），也面临时间维度的挑战（老年人和孩子没有工作能力）。

从人生周期来讲，如何让所有年龄段的人都能公平分享成果？老年人没有了收入能力，就要靠社会养老保险。这跟前文聊的医疗保险一样，都需要用国家建立的制度来平衡。

从这一点来看，它也促进了公平。毕竟人人都会变老，人人都会担心自己老无所养，年轻的时候就更加不敢消费，整个社会也无法良性循环。既然这是一个全民性的问题，自然也应该由国家通过各个政策来解决。

可是面对人口老龄化，国家收重税，就会使企业失去发展活力；

收过高的社保,就会让企业和劳动人口失去活力,那怎么办?

一个办法就是,鼓励大部分的公民为自己准备养老金,丰俭由人、自主决定。这种政策既不会影响公平,也不会影响效率。

社会养老保险带来基本的保障,这保证了公平;有能力的个人能通过商业险进行补充,这体现了效率。两者结合,是最佳的配置方式。

第五课

> 我的钱
> 我能不能作主？

先问一个问题：一个人到井里打水，桶漏水了，或是家里的水缸漏水了。这两种情况哪个更严重？

我的看法是，水桶漏水无所谓，总能打上来少许的水；家里的水缸只要不漏，就可以缓慢积累。财富被创造出来分配出去，到了每个家庭，是不是都能进行科学的积累呢？就算每次都能打回很多水，如果积累的方法不恰当，最终还是一无所有。

这一章里，我会聊一下家庭财富是如何进行积累的，并且让你们从小开始了解如何与金钱相处。我想，这一章应该也是家长最感兴趣的。从狭义上理解，这就是所谓的"财商培养"。

1.

我的财富：从纸红包到电子红包

中国的孩子，除了平时父母给的零花钱，最大的财富来源可能就是每年春节的压岁钱了，俗称"红包"。近些年，随着电子支付的发展，人们买东西很少用现金，直接用电子支付搞定。孩子的红包，也从纸质红包，逐渐变成了电子红包。

电子红包

"钱"是如何一步一步从有形的纸币或硬币，变成移动支付形式的呢？未来又会发展成什么形式？

以物换物的不方便

钱出现之前，古人是通过"以物换物"的方式进行商品交易的。

过节了，你家里养了很多母鸡，邻家的老王养了很多鸭子。你想吃鸭，而老王想吃鸡，你可以用母鸡换他的鸭子，这样一来，你能吃上鸭肉，老王可以吃上鸡肉，皆大欢喜。

可是，以物换物普遍存在两个问题：1. 两样东西的价值不对等；2. 交换的东西不是自己想要的。

你家里养的是母鸡，老王家里养的是大鹅，老王想吃鸡肉，而你想吃的是鸭肉，你肯定不愿意用母鸡换老王的大鹅。以物换物很难做到皆大欢喜。

人们开始思考：能不能用一种大家都认可的东西作为交换的介质呢？

贝壳，可能是中国人最早的货币

能够成为交换介质的物品，必须具备三个基本特征：1. 易携带；2. 能保存很久；3. 大家都认可它的价值。

据研究，贝壳最先被中国人用来交换自己需要的东西，被称作"贝币"。贝币有的用的是天然贝壳，也有的是用石头、青铜仿制的。

至于为什么贝壳会最早成为"钱"，现在还没有定论，但是从"贝币"开始，人们就进入了实物和钱交换的阶段：交易的时候，先把自己的鸡换成贝壳，再去交换自己喜欢的东西。有了金钱的概念，财富转换、储存和运输变得更加容易和方便，才能发展出复杂的商业网络和市场经济。

在中国古代，被用作钱的东西还有很多，有天然的"钱"，也有人工铸造的钱。天然的钱，最有代表性的，就是刚才提到的贝币。10枚海贝串在一起，称为"一朋"。在古代，一百朋，就是非常有钱了。中国的汉字，只要和"钱"有关，都会有一个"贝"字旁，例如，贵族的"贵"字、资金的"资"字、财产的"财"字、购物的"购"字等。

除了贝壳，被当作"钱"的还有动物的骨头和玉石等。人们掌握青铜技术后，出现了金属铸成的钱，形状各异，统称为金属货币。

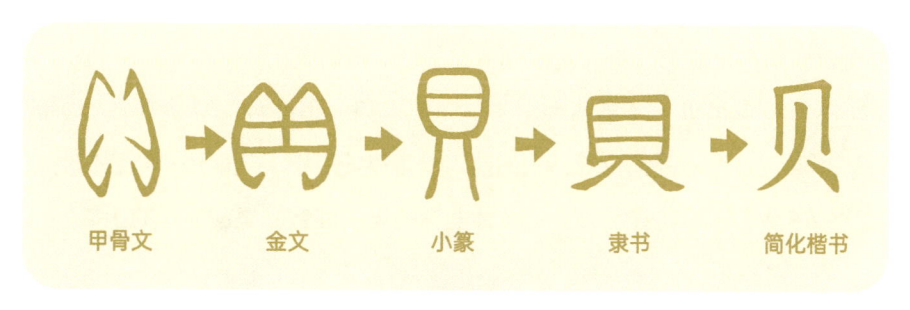

| 甲骨文 | 金文 | 小篆 | 隶书 | 简化楷书 |

"贝"字的演变

中国第一次统一货币是在秦始皇统一六国之后。货币被统一成半两铜钱，外圆内方，这个形状沿用了近 2000 年。

说起外圆内方的铜钱，这里科普一个小知识：我国最早的压岁钱就是一种外圆内方的钱币，出现在汉代，当时叫作大压胜钱，主要用作孩子佩戴的挂饰。

外圆内方的铜钱

真正给孩子压岁钱的习俗，始于宋朝。王孙贵胄或者大户人家春节通常会准备 120 文铜钱挂在孩子的床头，目的是镇压邪祟。清朝时民间也给压岁钱，《清嘉录》里记载了长辈用彩绳穿起百文铜钱给孩子作压岁钱的习俗。

交子，纸币的出现

话说回来，金属货币也有缺点，包括重、不方便携带、容易磨损等，携带过程中也很容易被偷。人们又开始思考，能不能有更方便的货币形式呢？于是纸币出现了。最早的纸币出现在中国宋朝，叫作"交子"[1]，比西方足足早了 400 多年。从此，纸币"统治"金钱王国上千年。

电子货币让我们进入"没钱时代"

这几年，同学们可能会发现，纸币用得越来越少，人们刷卡、用手机，甚至刷脸来进行交易，好像又回到了没"钱"的时代。

不管是手机里，还是各种电子支付工具里，里面放的都是货真价实的"钱"。原因是依托国家背书，我们都相信可以使用别人从微信转给我们的钱去购买商品。你们在春节收到的各种各样的电子红包，里面显示的金额跟纸

---

[1] 最早的交子发行于四川成都，1023 年。

币是一样的，也都可以用来买各种各样的商品。

现在已经出现"比特币"这样的数字货币。这种数字货币跟我们平常用的电子货币不一样，它们的存在并没有依托于国家的信用，而依托于大家对一套电子程序的共同信任。在某种程度上，这些数字货币在跟国家争夺货币的发行权。它们未来能不能成为流通货币还有待观察，建议大家谨慎对待。

未来钱会发展成什么样子呢？压岁钱这种习俗会发展成什么样子？以后，大家会不会根据算法在电脑上挖压岁钱？不但可以拿长辈的压岁钱，还可以解数学题，说不定还有别的功能……大家都可以想象一下。

> 以经济学的视角看世界

金钱是最有效的互信系统

跟金属货币不同，纸币本身只是一张纸，没有什么价值，为什么大家会相信它，用它来买东西呢？现在，"钱"更是变成了手机上的一串数字。

牛津大学历史学博士尤瓦尔·赫拉利著有一本畅销历史著作《人类简史》，书中说，不管贝壳还是美元，都不是物质上的现实，而是心理想象。想象的基础是信任，信任是所有金钱形式最基本的原料。如果一个富裕农民卖掉房子换一袋贝壳，带着这袋贝壳去很远的地方，是因为他相信去到那里后，有人愿意用房子、米和田地来交换这些贝壳。同理，为什么我们会相信一张纸币？是因为我们周围的人都相信，我们都相信的原因是政府也相信，政府还让我们用这些纸币来缴税。纸币只有国家才能印刷，有国家在后面做担保，大家就认可了。从这个意义上说，金钱是有史以来最普遍也最有效的互信系统。

2.

三分法：压岁钱怎么管，爸妈才放心

说到压岁钱这笔每年的"巨额个人财富"，孩子们可能也有烦恼：首先，家长通常会说，我帮你们存（"没收"）起来，以后上大学再用；其次，每次向家长申请花压岁钱，用途不同，爸妈态度也不大一样：如果你要花压岁钱出去旅行或者和同学聚会，可能爸爸妈妈会爽快地答应你；但如果你要买游戏机，或者买限量版球鞋，爸爸妈妈多数会拒绝。

为啥同是花钱，爸妈的态度不同？怎么判断钱该不该花？

◆ **延伸知识：全国压岁钱盘点**

曾经有媒体公布了一张全国压岁钱地图，统计了 2018 年全国各个地区人均收到压岁钱的数额。其中，福建莆田地区夺冠，人均压岁钱高达 12 000 元，福建其他地区人均约 3500 元。如果以各省人均收到压岁钱来比较，福建绝对排全国第一。

紧随其后的是浙江，人均 3100 元；然后是北京，2900 元；上海人均 1600 元，江苏、天津人均 1000 元，其他地区据说人均都在千元以下了。

父母的担心

我总结了压岁钱使用的"三不"原则，供参考：1. 不能伤害自己；2. 不能伤害别人；3.不能伤害环境。

如果你要花压岁钱买辆摩托车，这就违反了"三不"原则，因为未成年人骑摩托车是非法的。爸爸妈妈不同意买游戏机，很大程度上也是因为同学们自控力不足，容易沉迷游戏，影响身心健康。有的同学过年回到老家，想买烟花爆竹，这也违反了"三不"原则，放烟花爆竹不仅容易伤害自己，还可能伤害他人；而且燃放烟花爆竹还会产生大量的有害气体，污染环境。

如果你们花压岁钱的要求被父母拒绝，不妨换个角度想问题：爸爸妈妈并不是舍不得钱，而是他们觉得你们年龄小，没有管理大笔压岁钱的能力，对钱花在什么地方，能产生最大的价值缺乏准确的判断力。如果能向爸爸妈妈证明，你们有管理压岁钱的能力，对该不该花钱有清醒判断，这个问题就迎刃而解了。

我教给大家一个管理压岁钱或零花钱的方法——三分法。这个方法也适用于大人管理钱。把自己手上的钱分为三份，分别用于消费、储蓄、分享。

钱的三个功能

第一份钱：消费

这部分钱可以自由支配，但额度有限，最多占总数的三分之一。我们对自己想要的东西，要作出取舍，区分哪些是最需要的、哪些只是我现在想要的，优先把钱花在需要的东西上。

"需要"和"想要"这两个概念容易被混淆。我们的生存"需要"食物、

"需要"衣服，但在生活中我们还"想要"喝可乐，"想要"名牌球鞋。所谓"需要"，是指没有它我们就无法生存、无法完成正常社会生活的所必需的东西；"想要"，则是为了满足人的某些欲望。

爸爸妈妈为什么同意你们用压岁钱和同学旅行，却不同意你买游戏机？在大部分父母看来，预算有限的情况下，旅行有助于增长见识，开阔眼界，这是孩子需要的。打游戏虽然短期内会玩得很开心，但也可能占用你的学习时间，影响身体健康，而且没有游戏机不会影响你的生存和学习。因此，游戏机被归入"想要"的东西。两相对比，当然是花钱旅游比买游戏机更能得到父母的支持。

当然，每个家庭收入水平不同，"想要""需要"的标准也不同。你们应当从小学会分辨"需要"和"想要"，和爸爸妈妈坦诚沟通，这是非常有意义的事情。

第二份钱：储蓄

钱的第二个功能是储蓄。储蓄是为了实现我们真正需要的、花费金额很大、很难一次性付清的目标。

对于你们的父母而言，最重要的家庭目标可能是：退休后保持生活质量；孩子得到更好的教育；生病有钱治，不会因病致贫。可能还会有其他的目标：出国旅行、买楼、买车、学习进修等。实现这些重要目标，需要几万到几十万元不等，只靠每个月的工资无法达成，所以需要储蓄。

当然，人的欲望是无穷的，不能为了满足当下的"想要"，把未来真正"需要"的钱浪费了。你可以和父母聊一聊，家里的房子是怎么买下来的？一次性付款还是贷款？在很多一二线城市，每平方米的房价数万元，买一套房需要几百万元。即使二手房，首付也需要几十万元以上。普通家庭，凭一年的收入只能付房子的首付（20%—30%的房款）。父母需要把每个月收入中的一部分存起来，才能支付房子首付，还要向银行申请贷款，每月还贷。

同理，如果有的孩子想给自己买个几千块的电子设备，例如 iPad。但 TA 每个月只有 200 元零花钱。如果全部花掉而不去储蓄，就永远无法达成目标。如果每个月省下 100 元储蓄起来，压岁钱也存下来，可能一年多就能达成目标。

当然，存下来的钱可以通过理财变得更多，你可以和父母到银行开一个存款账户，问问银行柜员，现在一年储蓄的收益（利率）是多少，算一算如果自己把钱存起来，一年后、五年后能增加多少。

第三份钱：分享

钱除了花掉和存起来，还应该有第三个用途，分享。有孩子会问："钱是我的，为什么要分享？"这是一个好问题。

谈论金钱问题时，消费和储蓄，是人们自然能想到的；"分享"却常常被人忽略。我觉得分享可以分为几个层级：

第一，与家人朋友分享。在长辈生日时，我们拿出一部分的钱，买礼物送给家人。同学朋友生日时，我们可以买材料做一些小礼物，或者买礼物送给他们。分享的礼物，讲求心意，不求贵。父母看到你们愿意把零花钱拿出来和他人分享，也会非常欣慰。

第二，去帮助有需要的人。这个世界上有很多人需要我们的帮助。例如，我们平时也会见到一些先天残障的小朋友，他们和别人相比，天生就没有那么强的劳动能力，你想想，如果他们将来要靠自身的劳动获取足够的收入，一定比正常人困难得多。还有一些孩子，他们出生在山区或者其他贫穷的地区，他们受教育的条件和水平、遭遇的事情都和你们不一样，他们可能没有足够的生活和学习条件。再比如，某些人原本有收入能力，却因为战争、自然灾害等失去了这种能力，生活陷入困境，这个时候他们的生活将如何继续呢？如果我们有多余的钱，是不是有责任用自己的钱捐助他们呢？

既然人与人之间有差别，我们为什么不直接把钱平分了，而是鼓励分享呢？因为如果要求财富绝对的平均，大家工作起来就没有积极性；如果是由于天生的差别或天灾人祸造成我们之间的收入差别，高收入者对于低收入者的帮助，会使社会更加和谐。社会既要鼓励有能力劳动和贡献价值高的人赚取更多的财富，也要鼓励整个社会有分享的精神。

但是，我们要明确两个原则：

第一个原则，分享之前，首先要自己满足。自己的需要都满足不了，还要牺牲自己，去满足他人的需要，这是在极端情况下的选择。你们要有自己的零花钱，先用自己的钱满足了自己的需求后，再去体会分享的满足感。

第二个原则，分享要自愿。如果你们一时没有想明白"我自己的钱，为什么要分享"这个问题，没有人可以强迫你们去分享。

在这里，我分享一个我的故事：

儿子乐乐6岁那年的圣诞节，我带他去香港办事。当时，香港铜锣湾一家商场正在搞一个圣诞球的展览。这个展览邀请了十几个国家的著名品牌以及创作人，把收集到的37 000多个废弃的塑料瓶进行"重塑"，并设计出不同款式的扭蛋圣诞球。他们把这些圣诞球做成一个大型的展览，美轮美奂，非常吸引孩子的眼球。

这个展览，除了表达环保的主题外，还有一个使命，就是为重病的儿童筹款。只要投入捐款换取代币，就可以扭出许愿圣诞球，小朋友在上面画上图案，并写下自己的圣诞愿望，挂在圣诞树上。

乐乐虽然很想要圣诞球，但他还是有点不理解：为什么我们要花50港币，去买一个圣诞球呢？

我告诉他，这是在为重病的儿童筹款。他开始明白了，原来这是在做一件好事。

接着，妈妈就问他："你愿意从这个月的零花钱中拿出50港币，分享给这些患重病的小朋友吗？因为这是你的心意。"他点点头，拿出50港币，到旁边的机器里换了一个代币，扭出了一个绿色的圣诞球。那时他还不怎么会写字，他让妈妈给他写下自己的两个圣诞愿望："我想要一份奥特曼的礼物，也希望那些重病的孩子能够赶快好起来。"

如果你们也能从小就明白，金钱不仅可以满足自己的需求，还可以去帮助别人，我想你们未来一定会成为一个高财商的、对社会有用的人。爸爸妈妈也会非常放心把钱交给你们去管理。希望你们今年能用上孙叔叔提供的方法，成为优秀的"压岁钱管理小达人"。

以经济学的视角看世界

从压岁钱开始学会驾驭金钱

既然整个社会都要用钱作为交易的一般等价物，我们当然要学会合理运用金钱，毕竟直接发消费品太低效了。

孩子应该从小就通过实际的生活案例，去感受到财富的不同分配手段。

我们当然要用钱满足自己的生活，这就是消费；

我们要考虑当下和未来的生活，这就需要储蓄；

同时，我们还需要考虑，要带动所有的人消费，社会才可能良性发展，大家都能幸福。

如果有人没有挣钱能力该怎么办？这就需要分享，从国家层面促进消费，同时用财政手段通过税收和养老金实现财富的积累，最终还要鼓励富人去捐赠，也是同样的道理。

从简单处理压岁钱的方法，延伸到国家对创造财富的看法，能起到以小见大、管中窥豹的作用。所以，我鼓励你们从压岁钱开始，学会驾驭金钱，不怕犯错。

3.

收入与开支：和爸爸妈妈开口谈钱

家里的钱是从哪儿来的？家庭是如何花钱的？

你是不是经常听到爸爸妈妈谈论钱？和我们一样，成年人也希望有钱买更多东西，做更多事情，包括给你们的零花钱，花钱让你们上兴趣班、去游乐场，全家去旅行等。

但他们有时也会捉襟见肘，在家里长吁短叹。你是不是有时也很困惑：我们家的经济状况究竟如何？穷还是富？

我建议，不如认真和父母聊聊钱的问题。一家人坦诚相向，才能让家庭成员明白彼此的想要和需要，减少误会，建立正确的金钱观。

家里的钱从哪儿来？

家里的钱，当然不是从爸妈的钱包里来，也不是从银行柜员机里来的。大人需要一份工作来赚钱，赚来的钱叫作"工资"或者"薪水"。

假如你的父母是医生，一般来说，工资是按月结算的。他们每天固定工作 8 小时，月底拿工资。家里用这些钱来购买需要和想要的东西。父母可能也会把部分钱存起来，等以后有需要的时候再用，例如支付你兴趣班的费用，或是私立学校的高额学费等。

在政府部门工作的公务员、事业单位员工、学校的老师、企业员工，大多数拿的是固定工资。

如果爸爸妈妈是自己创业开公司的，他们虽然也是每月领薪水，但通常不是特别固定，公司有时赚钱，有时亏损，拿回家里的钱也会有多有少。

也有的父母是自由职业者，例如作家、校外的音乐老师等，他们赚的钱与工作量密切挂钩。作家可能赚的是稿费，音乐或美术老师赚的是课时费。

不同的工作需要不同的技能，人们会根据自己的兴趣和掌握的技能去选择短期或者长期的工作。有些人通过上学进修来学习某些技能，如医生、工程师、老师等；有些人则通过积累工作经验来掌握技能。我是学统计专业出身，毕业后进入金融机构工作，后来又在金融行业创业。

爸爸妈妈赚的钱都去哪儿了？

爸爸妈妈的工资，每个月都花到哪儿了呢？

家庭必需的吃、穿、用，都需要花钱，这些钱是家庭必要支出。每个家庭的一日三餐，家里的移动网络、固定电话、用水、用电、天然气、物业管理，属于公用事业的服务费，不支付就会停水停电停网，影响日常生活。

如果你家里的房子是向银行贷款买的，每个月要还房贷，这是城市居民每月大笔支出。贷款年限一般为二三十年，银行要收取一定利息，有的大人会戏称自己是"房奴"；如果家里的房子是租来的，需要向业主支付租金。

如果家里有汽车，每月需要一笔养车费用，包括燃油费或电费、过路费、停车费、汽车保险等。

如果家里有人生病，需要付医院的门诊和治疗费、药费等；小病的费用一两百元，如果是大病，几千到几十万元的医疗费用不等。为了规避医疗费用高昂的风险，很多家庭会给家庭成员购买各种医疗保险，有的是月缴，有的是年缴，这也是一笔长期支出。

除了以上这些支出外，中国家庭每月的最大支出是孩子的教育费用。虽然中国实行9年义务教育，仍有不少学生读的是私立学校，每月需要数千至数万元的学费；除了学费，父母为孩子报的兴趣班和辅导班每月花费几千元，也是常有的事。

大学阶段，如果在国内读重点本科需要每年数千元的学费；读非公立的大专院校很可能需要每年数万元的学费；艺术类本科的学费比普通本科更高；若出国读书，学费和生活费都是很大一笔支出。

根据《中国生育成本报告2022版》数据，我国家庭0—17岁孩子的养育成本平均为48.5万元，城镇家庭约为63万元，农村家庭约为30万元。养育成本最高的城市是上海和北京，为100万元左右[1]。中国孩子的养育成本是当年中国人均GDP的6.9倍，远高于美国和日本（美国养育成本是人均GDP的4.11倍，而日本养育成本是人均GDP的4.26倍）。

孩子的养育成本，除了正常吃穿之外，大部分为教育成本。

积极参与家庭真实生活规划

看到上面列出的部分开支，是不是觉得安排家庭收支是一件非常复杂的事情？家里的钱赚得不易，花钱却如流水。如果你们还想更深入了解家庭的财务状况，国外有一个做法非常值得借鉴，父母让孩子参与家庭短期的支出计划，给家庭做预算。

◆ **案例：4岁孩子当一周"家庭财政大臣"**

美国有一个真实的故事，一位妈妈让4岁孩子当了一周的"家庭财政大臣"。当时他认识的最大的一个数字是59，所以他在做家庭支

---

[1] 潇湘晨报. 最新调查：我国孩子的养育成本平均为48.5万元. 2022-05-11，https://baijiahao.baidu.com/s?id=1732540610380635732&wfr=spider&for=pc.

出预算分配时，就非常武断地把所有的支出都限制在"59"这个数字上了，比如一周的食物支出是59美金，油费是59美金，连买一个吸尘器也是59美金。

妈妈开始耐心地跟孩子解释，各项支出大概是多少，每个商品实际价格又是多少，吸尘器价格可能远远不止59美金。

在协助"小财政大臣"敲定预算后，妈妈让孩子把每一项需要支出的现金，放到相应的信封里面。孩子按调整后的预算表，将食物、油费等预算分别放进了信封里。

接下来的一周，妈妈真的按照孩子制定的预算去购物。孩子想买零食时，妈妈说，如果我们能够控制预算，剩余的钱确实可以买点零食，例如冰激凌；可如果把这些钱存起来，月底就可以吃顿大餐。

一周后，这位妈妈说，一周"家庭财政大臣"这个角色，让孩子燃起了储蓄热情，也让他懵懵懂懂地知道了，所谓**做预算，就是一种在各种想要的东西中"取舍"的游戏**。

4岁的孩子都能参与到家庭财务规划中，你们也应该可以，马上和爸妈商量，大胆地尝试一下吧。

在中国，有的家长比较缺乏跟孩子主动谈钱的勇气。曾经有一位90后女生跟我分享过她亲身经历的故事：从她三年级懂事开始，她就觉得家里很穷，以至于上了大学以后，一旦兼职赚了一些钱，她就忍不住要全部花光。"穷"的感觉是来源于记忆，记得小时候家人常常说："咱们家很穷。"

有一天，她偶尔发现家里有一个大奶粉罐，奶粉罐里装满了钱。这个时候，她纳闷了，家里并不是没钱啊，为什么爸妈每天说自家穷，能省就省呢？没有人告诉她答案，她也不敢问。直到几年以后，当家里搬进了县城宽敞的新房子，她才明白"奶粉罐里的秘密"，新房子所花费的十几万，正是父母多年慢慢积累下来的。

我想，要是当年父母坦诚地跟她说明家庭财务状况，告诉她家庭存钱的理由，她可能受到完全不一样的影响。主动沟通，而不是一味装穷、喊穷，这可能是中国的爸爸妈妈需要去学习的。但新一代的爸妈已经不一样，你们可以大胆去和他们谈谈钱，也可以参与家庭生活中小小环节的决策，把财商培养从理论引入到真实的人生中。

以经济学的视角看世界

与钱相处，需要从小锻炼

钱的合理分配原则，其实挺反人性的。

如果不是看了这本书，恐怕大家会把有钱等同于有财富，有钱把它花掉就代表享受财富。

可是合理规划自己的财富，来达到人生最高的价值和幸福，这是需要锻炼的。如果你们能够早一点了解收入、开支，早点参与到财富的规划中来，至少从技巧手段上可以早早埋下一颗理财的种子。

我希望你们的爸爸妈妈，千万不要犯我们上一代的错误，从小不谈钱，但是孩子大学毕业就希望他们能够养家糊口；从小不接触异性，孩子大学毕业就要催婚。

无论是与钱相处，还是与异性相处，都需要从小锻炼。

4.

借贷与信用：我该不该把钱借给同学？

初一时，我儿子遇到一件烦心事，同学向他借了 50 元没还，另一个同学又来找他借 50 元。他觉得很纠结，如果找第一次借钱的同学要，显得自己太小气，不够哥们儿；如果旧账没还，又借新账，自己心里又不舒服，每月零花钱才 200 元，万一这个同学又不还，零花钱就没了一半。

你们在学校有没有遇到过类似烦恼？借钱的烦恼，大人世界一样有。借贷背后的逻辑很复杂，它跟信用有关，这是一个常被忽略、实则很重要的事情。

借钱是正常事情

曾经有同学问过我借钱的问题，我给了三个小建议：

第一个建议，做好最坏打算，评估一下自己的风险，如果对方借钱不还，虽然有点小小的心疼，但也不至于伤筋动骨，那可以借。

第二个建议，少借点，量力而为。如果你的朋友也不是急用钱，只是想买点玩具，找你借 50 元，那你给个 10 元就差不多了，实在不行，就当是赠送给他应急了。

第三个建议，就是拼命找理由推托。毕竟，上次借的钱都还没还呢，再借有点受不了。

这几个小建议有点开玩笑的成分，坦白说，50 元、100 元，的确不是什么大钱。同学的零花钱不够了，向你借也很正常；你急用钱时，向同学借，也是可以的。但是在这个过程中，应该学会一件事——有契约观念，建立起个人信用额度的概念。

在真正的经济社会里，人的信用非常重要。信用，是能够履行诺言而取得的信任，是长时间积累的诚信度。一个人如何取得别人的信任，放在处理金钱问题上，就是做到有借有还。如果有一天你要向别人借钱，至少也要对自己提出一个明确的要求：借了钱，无论多少都要记得还，这是你的信用额度。

成人世界中的借贷

我们在新闻上会看到一个财经术语——"借贷"。生活中，"借"和"贷"会经常被混用。现在大部分家庭买房都要贷款。以广州 2021 年房价为例，买一套 80 平方米的房，一般需要 200 多万元，大部分家里一下子拿不出这么多钱，要向银行借钱，也就是贷款。注意这里的"借"和"贷"就有混用之嫌了。

> **借贷**
> 从严格的会计学上，借和贷是有区别的，我向朋友借钱，我是借方，朋友就是贷方，指的就是把钱借给我的人。有借必有贷，这是基本的会计学记账原理。

以 200 万元的房子为例，首付至少三成款项给卖房者，约 60 万元，余下的 140 万元向银行贷款。在真正的会计制度上，家庭和银行就形成了借贷关系，家庭是借款方，银行是贷款方。这种正式的借贷行为和同学之间的借点小钱完全不同。同学之间私人借款金额比较小，一般不需要签正式的借款合同，也没有强制还款的手段。但是家庭和正规金融机构（如银行）发生借贷关系，借的钱又比较多时，就要签正式合同了。如果不还款，还有强制还款的手段，甚至还要负上法律责任。

你可能听过父母在平时生活里提到供房、还房贷的事情，家庭每个月向银行还款，一旦还款中断，银行就可以把我们的房子收回去，这就是银行强制还款的手段。

这里要给大家介绍"抵押"的概念。家庭买房向银行贷款时，就是拿所买的房子做抵押，银行才会把钱借给你。如果借款人什么都没有，既没有固定财产，例如房子；又没有稳定的工作和收入。银行一评估，觉得借款人不还钱的风险比较大，当然就不会借钱出去了。正因如此，银行不会贷款给老人和学生。

> **抵押**
>
> 就是借款人向贷款人证明自己有还款能力的一种形式。借款人用自己原来拥有的财产和贷款人约定，自己一旦不还款，贷款人就有权利处置这部分财产来弥补损失。

大学校园里的借贷

近些年，社会上出现了一些不是银行的贷款机构，专门借钱给校园里的大学生。这就是新闻里经常出现的"非法校园贷"。**非法校园贷，是指一些网络上的贷款平台专门面向大学生开展的贷款业务**。很多学生离开父母，到外地读书生活，看到好衣服、好鞋子、游戏装备、电子设备等很想买，可是父母给的生活费暂时不够用，怎么办呢？这些网络贷款平台找到想借钱的大学生，只要是在校学生，在网上提交资料、通过审核、支付一定手续费，就能轻松申请无需抵押的信用贷款。

很多同学容易心动：先借一笔钱，就可以过上自己想要的生活，下个月生活费打过来了，再还钱就是了。但是，事情远远没这么简单。因为不管向谁借钱，都是要付利息的，校园贷的利息特别高。

> **利息**
>
> 就是借款方因为占用了别人的资金，而要付出的代价，是除了还给贷款方本金以外，还要额外支付的一笔钱。

举个例子，比如你向银行借 100 元，借一年。你占用了银行的资金，它不可能白白借钱给你，一年之后你要付 7% 的贷款利息，你要还给银行 107 元。这多出来的 7 块钱，就是利息，这就是银行的利润。反过来，你把 100

元存进银行，相当于银行向你借了 100 元，银行也要向你支付利息。当然，贷款买房的人，付给银行的利息一定高于银行付给储户的利息，不然银行就亏了。

说回非法校园贷，它收取的利息特别高。当年，银行一年抵押贷款利息接近 5%，非法校园贷的年利息却要达到 30% 甚至更高，比银行贷款高出 6 倍多。

所有经营贷款业务收取利息的机构，都是由国家监管部门统一监管的，否则很容易出乱子。有一个监管规定：任何经营贷款业务的机构，收取利息水平不得超出监管部门规定的标准四倍以上，如果超出就是高利贷，是非法的。

刚刚说的非法校园贷就属于高利贷，这些借贷公司甚至会动用一些非法手段来强制借款人还款。曾经有很多新闻报道说，不少大学生被这些非法高利贷折磨得生不如死。一个大三学生，三年在各种借贷平台借了 7 万元，后来又借了 4 万元，利息不断累积，最后父母帮他还了 20 多万元。这个学生羞愧难当，选择了自杀。非法校园贷是万万不能碰的。

借贷促进经济发展

虽然我讲了一些借钱还不起的悲剧，但借钱本身不是一件可怕的事。当我们把目光放到社会历史长河中就会发现，金融本质是资金的融通、流动，资金流动需要靠各种借贷行为实现。借贷，对经济发展有巨大意义。

在中世纪，经济发展停滞了 1000 年，社会一直没有快速进步，原因之一是当时的借贷只是为了应急，没有形成借贷机制帮助生产。一些有创意的人或企业，因为缺钱无法增加对事业的投入，把生意快速做大，经济发展和创新很慢。到了近代，如果一个人或企业的创新想法很棒，银行或者其他机构经过评估就有可能会贷款给他们，这就是风险投资，他们的生意可能在几年间迅速做大。

比如埃隆·马斯克（Elon Musk）的 SpaceX 商业火箭项目、特斯拉电动车项目，都是非常棒的点子。可是公司在运作过程中曾经多次险些失败，差点破产，就是因为有金融机构或者其他机构的贷款，才得以撑过去，如今获得巨大的成功。我们熟悉的腾讯、阿里巴巴、字节跳动等大企业，刚开始时，也是因为有了银行贷款，才得以发展起来的。

没有借贷，没有融资，就无法鼓励创新、创业，社会上的闲散资金无法聚拢，就无法发挥更大的力量，推动经济快速发展。所以千万不能简单地把"借钱"看作洪水猛兽。

在成人的社会里，信用度越高的人和企业，越能调动更多的社会资源，获得更大的成功。如果能及时还款，信用度就会越来越高，能借助的资源越来越多，就进入了良性循环。

如果从小没有养成良好的习惯，不及时还钱，让自己的信用越来越差，未来能够调动的资源也会越来越少。现在很多借款不还的"老赖"，不要说继续经营事业了，甚至被法院强制下令，不得乘坐飞机和高铁、住星级酒店，也不得买房、旅游等。这在现代生活里，几乎可以算是举步维艰了。

> 以经济学的视角看世界

学会与未来的财富相处

从经济学的角度看，财富既可以从过去劳动中获取，也可以从未来劳动中获取。

银行对你未来的劳动有信心，相信你能继续赚钱，借贷给你消费，需要"信用"。你们要从小学会珍惜自己的信用，对自己的未来有把控能力，才能及早驾驭更多资源。

投资银行的风险投资业务，也是基于对某些创业项目的信心而进行的，这是加速创业者成功的办法。众所周知，几乎所有的互联网项目，如淘宝、腾讯、抖音等，都是这样飞速崛起的。

放眼整个社会，我们也是通过信用积累，实现了近 300 年来的经济飞速发展。国家通过大量印钱，投入生产，让更多人活跃起来。这是因为国家相信，整个社会能够通过这些财富发展生产，未来能够创造出更多的产品。

国家如果处理不好信用问题，一旦失信，或者是因为对未来的错误估计，没有生产那么多的产品，也会破产，更何况普通家庭。

只有从小学会与未来的财富相处，才可能加速人生进步。但是对未来不合理的期待，也会让我们丧失理智。在二者中寻找平衡，既是个人、家庭永恒的主题，也是国家、社会、全世界永恒的主题。

5.

家务价值：妈妈不上班，对家里有没有贡献？

你们觉得家里爸爸和妈妈谁做的家务更多？恐怕大部分人都会说，妈妈做的比较多。不少妈妈还是"全职妈妈"，工作就是照顾家庭和孩子。

有一种劳动，即使放假，劳动者也不能休息，这就是家务劳动。家务劳动是不是一项有价值的工作？如果答案是肯定的，家务能不能计酬？我们来聊一聊这个话题。

为什么全职在家的多为女性？

十年前，一组针对 18—45 岁城镇女性的调查数据显示，在这些调查对象中，0—3 岁孩子的妈妈们，每 10 个人里就会有 3 个因为结婚、照顾孩子而中断工作，成为全职妈妈。虽然查不到权威统计全职爸爸的比例，但放眼身边，全职爸爸还是比较少见的。

为什么全职妈妈的比例比较高呢？一个常见的解释就是过去在以工业、农业为主的社会里，大多数工作都是体力活，男性体力占优，多数家庭都是男性出去工作，女性则留在家中打点事务，逐渐演变为"男主外，女主内"的家庭分工模式。

即使父母都上班，都有工作，回到家中，妈妈花在家务上的时间也远高于爸爸。国家统计局发布过一组数据：我国男性每天花在家务活上的时间大概是 1 小时 30 分钟，女性是将近 4 个小时。她们每天做家务的时间，比男性多了2个多小时。加上在平时工作中，男性的平均薪资比女性高。这两个现象叠加在一起，很容易造成一种错觉：男性比女性能挣钱。既然女性赚钱少，就应该多做家务，这好像已经成为很多家庭的共识。

家务算不算有价值的劳动？

我们抛开男女怎么分配家务的问题，单纯讨论一下，带孩子和做家务，算不算有价值的劳动呢？

曾经有位全职妈妈跟我说，她每天都要照顾两个孩子的起居饮食，安排他们学习，还要管理家里的大小事务。可有一天，她的女儿突然对爸爸说，"爸爸，妈妈整天待在家里不工作，一点用都没有。"

妈妈听到可委屈了。每天忙家务累得要死，比上班还累，到头来连孩子都不认可自己的付出。

"全职妈妈"是没用的人吗？有人说，有没有价值，现在都是用能不能挣到钱来衡量的。

这恰恰是把因果关系搞反了。所谓"劳动有价值"，就是通过劳动为社会做出贡献，所以才有价值，能挣到钱；而不应该反着说挣不到钱就是没有价值。有价值而挣不到钱，这是应该去反思的。

很多国家，尤其是出现人口危机的国家会认为，在家里带孩子是对社会最有价值的，如果夫妻双方都不工作，在家里生俩孩子，把孩子养大，国家会把一家人都供养起来。

在邻国日本，传统习俗是妈妈全职在家。即便是事业很成功的女性，婚后大多数都会主动要求回家，甚至觉得工作是丢脸的。当然这种现象正有所改变。

日本的全职妈妈虽然不上班，却掌握了家庭的财政大权。丈夫工资直接打进全职妈妈的账户，丈夫每月有多少零花钱由全职妈妈来规划。

当然，这绝不是说日本的全职妈妈就对自己的生活非常满意，现在她们也在反思。过去的观念要求,妻子绝对不能让丈夫回家干一点活,否则很丢人,所以活得特别累。

这到底是不是一个合理的模式?未必。但是可以看到,各国对家务劳动的态度是不一样的。

全职妈妈的工资怎么开?

给同学们出一个脑洞题,如果要给全职妈妈开工资,你觉得开多少合适呢?

先看看全职妈妈们一天的工作:早早起床,给全家人做好早餐,叫你们起床,帮你们洗漱、换衣服、整理书包等;等你们吃完早餐,送你们上学。接着去菜市场买中午的菜,回家做午饭,打扫家里的卫生,清洗昨天全家换下的脏衣服。好不容易做完了,还没来得及休息一会儿,又要接你们下课,做全家人的晚饭,晚饭后还要辅导你们做作业等,往往到我们上床睡觉了,她还没忙完。

这一整天的家务,怎么算钱?不同学者有不同的算法,有一种叫替代法。

可以这么思考,如果有一天妈妈决定不当全职妈妈,要重回工作岗位,我们得找多少人才能顶替妈妈的位置?要找个厨师做一日三餐;要找个清洁工打扫家里的卫生,清洗脏衣服;还要找个家教老师,辅导孩子作业。如果家里老人身体不好,或者家里还有二胎三胎,还得请个住家保姆照看老人或小孩。

在一线城市请一个保姆,每月至少得花五六千元。想想看,如果我们还要请家教老师、保姆、清洁工等,我们一个月得花多少钱?没有一万元估计搞不定吧?

从这个角度来说,妈妈在家中产生的劳动价值,一点都不低。有人甚至认为,应该把家务劳动算进国内生产总值里面。美国的一个统计数据显示，美国妇女在家务劳动中创造的价值，相当于美国国内生产总量的28%，占比超过了四分之一。

未来的家务劳动

随着人工智能时代的到来，家务活有没有可能不需要人来干呢？现在的扫地机器人、洗碗机，已经能减少很多家务劳动的时间了。而那些比较复杂的如照顾孩子、护理老人的工作，现在还是需要人来干，但是也有科幻小说里写道，未来照顾孩子的工作，也可以交由人工智能老师完成。

照顾孩子需要细心耐心，机器人显然更有优势，尤其是在照顾婴儿这种事情上。婴儿容易在睡眠中窒息，如果机器人妈妈来照顾，时刻监控，婴儿睡眠中闷死的情况应该极少会发生。

到那时，所谓的家务劳动，已经完全是整个社会的一种集中的福利供给，我们对整个家庭关系的观念也会有变化。未来会变成什么样子？大家可以试着开开脑洞。

最后总结一句，我们必须认识到，家务劳动、养育孩子对社会是有巨大价值和贡献的，正是因为有贡献且很辛苦，我们才会不断想办法用各种各样的技术去改变现状，让做家务更轻松，就好像用科学技术去改善其他的工作一样。

你们可以多帮家人分担一些力所能及的家务，这既可以说明你对劳动的尊重，同时也是对自己的锻炼。既然这是一个有价值的工作，掌握它、学习它，自然就不是一件坏事。

以经济学的视角看世界

有价值的劳动，却无法被计价

在之前的经济学原理中，我们知道，人是通过劳动获得报酬的，只要是有价值的劳动，理所应当获得报酬。可是在这个世界上，真正最有价值的东西，往往未必能交换到钱。空气和水，都是最有价值的，可是却被我们无情地浪费。

家务劳动同样如此，浪费家务劳动成果的现象每天都在发生。但是由于它发生在至亲之间，蕴含的是人和人之间的情感与责任，很难用经济属性去归纳，因此没有被计价。这些劳动虽然没被计价，却为社会带来了巨大贡献，理应被一个理性的人去珍惜。正如同我们要珍惜空气和水源一样，它们远比黄金、钻石更宝贵。

6.

奋斗OR躺平：富豪捐了几百万还遭骂？

亚马逊网站的创始人杰夫·贝佐斯（Jeff Bezos）是世界上最有钱的人之一，他2022年的身家约1300多亿美元（约9950亿元人民币）。这个数字相当于很多国家一年的GDP，完全可以用"富可敌国"来形容他。这么有钱的富豪，2020年对澳大利亚山火事故进行捐助时，因为只捐了69万美元（约500万元人民币），遭到网友吐槽："你也太抠门了吧！你半小时就能赚这么多。"

每当世界上发生天灾人祸的时候，总会有很多人捐款，同时也有富豪被嘲捐得太少。

有钱就一定要多捐？

澳大利亚的山火一直很多，不过那次山火百年一遇，从2019年9月一直烧到2020年1月还未停止。死亡人数虽然不多，但有超2000处的房子被烧毁，还有约5亿的动物在大火中丧生。很多明星和商界人士慷慨解囊，帮助澳大利亚灾后重建。捐款数目都很大，100万美元、300万美元，甚至有人捐了近800万美元，没想到当时的世界首富贝佐斯仅捐款69万美元，才引发疯狂吐槽。

有钱就一定要多捐吗？你们在学校是否也捐过款给山区或灾区孩子？你们有没有想过，除了学校倡导外，为什么要做这件事情？

捐款，是一种慈善行为，属于财富的第三次分配。这个世界上每个人拥有的钱不一样，有人每年能赚上千万，有人每年赚几十万，有人可能只有几万元甚至更少。有如此大的差距，部分原因在于分配规则。

虽然我在第四课的导语中已经提过三次财富分配，在这里还是要再强调一次。第一次财富分配是按生产要素分配。如果把世界看作一家创业公司，生产要素就是每个人在公司里做出的贡献。贡献越大，分到的钱就越多。如游戏开发，有的人投入金钱，有的人投入创意，有的人投入技术，这些都是贡献，也是生产要素。如果游戏很受欢迎，赚了很多钱，在游戏开发中贡献最大，分的钱就会最多。一般来说，投资最多的那位，分钱会最多。如果其他方面的贡献也很大，比如这款游戏受欢迎的原因是技术精良，技术人员分到的钱可能最多。这种根据生产要素分配财富的方式，是第一次分配。

这样的分配方式有一个问题：会让有钱人越来越有钱，让穷人越来越穷。这时候就要进行第二次财富分配，通过政府介入，利用征税、提供社会福利的方式实现财富的第二次分配。我们在第四课"富人税"一节也讨论过这个问题。

即便政府介入，这个世界也依旧存在巨大的贫富差距，有一些客观因素确实很难改变。

我也曾经到访云南的贫困县，那里地理位置偏僻，交通不发达，经济相对落后。虽然经过帮扶，当地物质条件有了很大改善，但其教育观念、资源与城市孩子相比，不可同日而语。此外，还有些地区会爆发战争、自然灾害等等，导致当地的居民生活迅速陷入困境。

为了要改善贫困人口的生活，不少慈善基金会努力去说服有钱人或其他有能力的人，通过捐款改善相对贫困地区的现状，让社会更加公平。曾经的世界首富、微软公司创始人比尔·盖茨和前妻梅琳达在 2000 年成立的慈善基金会，前后为教育、医疗等慈善机构捐了 500 亿美元。2020 年新冠疫情全球暴发后，盖茨基金会曾多次投入资金，支持全球研究、开发和公平分配抗击新冠疫情和拯救生命所需的各类资源，累计约达 17.5 亿美元。股神沃伦·巴菲特（Warren Buffett）2006年承诺在有生之年或去世时将向慈善机构捐出99%以上的个人财富，并逐年实现他的承诺。

富人捐款做慈善的行为，就是财富的第三次分配。

捐款的自愿原则

正是因为有比尔·盖茨、巴菲特这样的超级富豪的珠玉在前，贝佐斯只捐69万美元给澳大利亚灾后重建，才会被诟病。有钱就一定要多捐吗？

捐款，作为第三次分配，最重要的原则是自愿，而不是被迫。从这个角度来说，贝佐斯不管是捐款69万美元，还是捐款10万美元，甚至是不捐，都是他的自由，没有人有资格强迫他捐多少。

打个比方，在同一个班上，有个同学父母每月给他200元零花钱，另一个同学每月零花钱只有100元。有一天班上一位家境贫困的同学生病，需要很多钱做手术，老师号召大家为同学捐钱，他应不应该要求有更多零花钱的同学捐更多钱呢？显然不应该。孩子的零花钱是家长给的，家长的钱是努力工作赚来的。如果因为赚钱多，就被强迫捐更多钱，人们工作的积极性就会被挫伤：既然赚更多钱也会被逼捐，努力工作还有什么意义？长此以往，懒人越来越多，社会就不会再发展。

有人认为富人多交税是弊大于利，也是同样道理。举一个例子，我家对小哥哥和小妹妹承诺：每周帮家里洗一次车，就能获得一次额外的金钱奖励。哥哥勤快，洗车次数多，赚到的额外零花钱就不少。有一次全家出门逛街，妹妹想买个玩具，但零花钱不够。如果我们要求哥哥："你把零花钱拿出来给妹妹买玩具吧。"第一次提这样的要求，哥哥可能会愿意，但是如果经常提出这种要求，还要进行道德绑架："你的零花钱比妹妹多，要有爱心，对妹妹好一点啊。"哥哥会觉得不公平：明明是自己辛苦劳动赚的钱，却非要用来给妹妹买东西，以后他再也不洗车了。

应该如何正确地鼓励捐赠呢？我有几个抛砖引玉的建议：

第一，建立透明的捐赠流程和机制，让捐赠人知道钱被用到了哪里。因为捐款用途不透明，会让很多捐款者失去信心。我们不时都会看到善款被挪用的新闻，比如某基金会就被爆出"××计划"助学项目的救助范围名不符实，本来应该专门被用于救助贫困女童的善款，有不少被拿去捐给男童了，严重打击许多更加关注男女平等的捐赠者的热情。

第二，比起道德绑架，更应该让捐赠者互相影响促进。比如，不再评比富豪榜，而是改评慈善榜，比谁捐的钱更多。产生正面激励的作用。

第三，向捐赠的人及时反馈他的捐款效果。比如，捐款帮助多少孩子圆了上学梦，帮助多少人战胜了疾病等等……

总之，要让捐赠的人直观地了解他捐的钱花在了哪里，给世界带来了什么样的改变。看到别人因为自己的爱心变得更好，捐款人才能真心感到帮助人的快乐。

捐赠既利他，又利己

以经济学的视角看世界

虽然我们已经在前文建议孩子从小学会分享，但是分享是基于个人的使命与价值观进行的：我们希望社会更加美好，最终才能促进全社会的生产，并反作用于我们本人。人都是理性的，可以从这个角度去思考捐赠：捐赠既利他，又利己。

正因此，捐赠的行为必须是自愿的。如果一旦捐赠不是自愿，而是被诉诸道德绑架或者强制进行，就丧失了它的程序正义。一个没有程序正义监督的社会，是极易走样的，这已经超出了经济学的范畴。

但是经济、政治始终是分不开的。我们应该从小确立更加适合人类长期和谐发展的价值观，才有助于建立更美好的社会。

◆ 第六课

没有绝对理性的人
没有完美世界

有了创造财富的能力，财富分配给了我们，积累下来，我们就能够幸福吗？未必。人类对自己幸福的评估，往往不能用理性来归纳。生活中经常会出现一些不理性行为，让我们远离真正长期的幸福指标。

全书最后一课，我希望启发孩子思考：无论有钱没钱，都要有回家过年、享受幸福生活的人生态度，用达致终极的、长期、理性的幸福观驾驭财富，与世界和谐相处。

1.

损失厌恶：零花钱多了，为什么我不开心？

小明上小学时，妈妈每月给他 100 元零花钱，班上同学平均每月才七八十元，他俨然是班上的"小财主"。今年小明读初一，妈妈把零花钱提高到每月 150 元，多了 50 元，但小明没有感到更开心，反而觉得自己变穷，原因是他发现有的同学每月有 200 元零花钱。

仅仅过了两个月，零花钱从 100 元涨到 150 元，钱多了，小明应该开心才对。可是跟同学一对比，他反而感觉自己失去了 50 元。

这是为什么？

损失厌恶：关注非理性决策

小明的矛盾心理背后，是行为经济学中一个非常重要的观点——损失厌恶。

失去 50 元和得到 50 元相比，人们对前者的厌恶，强烈感远超后者的开心。

损失厌恶是心理学教授丹尼尔·卡尼曼（Daniel Kahneman）在 1979 年提出的"前景理论"中的重要观点，现在经常被行为经济学家应用。卡尼曼是把心理学研究视角和经济学结合起来的第一人，也是行为经济学的奠基人，2002 年诺贝尔经济学奖得主之一。这是该奖第一次颁给心理学家。卡尼曼有一本著作《思考，快与慢》，是行为经济学的必读书目。

传统经济学，一般假定人是理性的。如果是一个理性人，两个月零花钱从 100 元增加到 150 元，肯定应该满意，这是理性人应该有的逻辑。

> **"理性人"假设**
>
> 这个概念最早出现在传统经济学的奠基人——亚当·斯密 1776 年的著作《国富论》里，"理性人"假设认为，我们都是能够明智地、合乎逻辑地作出决定的人。

◆ **延伸知识：逻辑三段论**

简单来说，逻辑就是以我们从日常生活中提炼出来的一系列不证自明的规律为基础的思考方式。最著名的逻辑规律是亚里士多德提出的"三段论"，在合理的大前提和小前提之下，就能够推导出合理的结论。

他用一个著名的例子来解释："我的钱包在我的口袋里，这是大前提，我的钱在我的钱包里，这是小前提，必然可以推出，我的钱必然在我的口袋里。"这就是三段论的简单例子。

按照传统经济学的解释，大前提是钱越多越高兴，小前提是 150 元比 100 元多，可以推出小明应该更高兴，这是理性人的逻辑。可是，现在小明不开心，与"理性人"的假设不相符。传统经济学家的"理性人"假设解释不了小明的情绪反应。

不要忽略这个小小的事实，像小明这样用传统经济学的推理得出与现状不符结论的例子，在生活中实在太多。行为经济学家认为，大多数人在大多数时间，都会做出不合乎逻辑的决策，出现像小明的这种损失厌恶的非理性行为。这个观点的意义在于，可以帮我们找到导致不开心的非理性因素。当我们觉察到这一点，就可以有意识地纠正想法和决策，回归到"理性人"的角色。

"损失厌恶"的现象，在生活中可以解释很多事实。假如一个人买了两只股票，投入了同样多的钱，一段时间后，一只股票赚了 1 万元，另一只亏了 1 万元。现在 TA 突然需要一大笔钱，你觉得 TA 应该卖掉哪只股票呢？

行为经济学实验结果显示，多数人会选择卖掉上涨的股票。因为已经获得 1 万元收益，虽然未来它还可能上涨，但还是先落袋为安比较好；下跌的股票意味着损失，卖了就永远回不了本，继续持有还可以咸鱼翻身。

事实上，真正的理性选择，是忘掉之前的亏损与盈利，分析未来到底哪只股票涨的可能性大，卖掉上涨可能性小、亏损可能性大的股票，哪怕已经亏了 1 万元。

非理性人损失厌恶中的"损失"，在经济学中被称为"沉没成本"。

> **沉没成本**
> 就是现在已经损失掉的钱，它是无法挽回的，无论我们厌恶与否，都不应该过多考虑它，考虑它就是不理性。

你花钱买票去看一部电影，看了 30 分钟后发现这是部烂片。你是选择离开，去找更好玩的活动，还是继续看下去？多数人会继续看，花钱买了电影票，不看就亏了，这就是损失厌恶。

这是一种非理性行为，已经花掉的电影票钱和过去的 30 分钟，是沉没成本，是无法挽回的损失。英文中有句俗话叫："不要为洒掉的牛奶哭泣"，就是这个意思。

真正理性的决策，应该是看接下来的 1 个小时，能不能获得更好的体验和更大的幸福感，再进行决策，但是生活中很少有这么理性的人。

不要为洒掉的牛奶哭泣

损失厌恶的应用

现实社会中，许多商家会利用损失厌恶心理刺激消费者，以获得商业利益。

有一个二手货交易平台，叫"闲鱼"，和淘宝天猫共享客户数据。我最近在淘宝上买了一个华为手表，1000多元，才刚买不久，闲鱼就不断提醒我：如果你不想用，就可以拿到闲鱼卖。现在卖还可以卖600多元；如果是下个月，价格比现在要再跌五六十元了。

如果我不太喜欢这款手表，被平台反复怂恿，很容易就会产生卖掉的念头和行为。这就是商家利用人的损失厌恶心理在做文章。

损失厌恶的心理，非常适合用于激励员工。美国行为经济学家约翰·李斯特（John List），十几年前在厦门万利达集团进行了为期6个月的实验。他将工人分为两组，分别是激励组和惩罚组。其中激励组的政策是，"如果你们小组的平均生产效率超过每小时400件，每周会获得80元额外奖金，一个月是320元"。惩罚组的制度是，"你们先获得一次性的奖金320元。如果某个星期你们小组的平均生产效率低于每小时400件，就会从工资中减少80元"。

你们算算这笔账，其实两个制度是一样的，但是李斯特发现，惩罚比奖励更能提高生产力。两个制度企业付出的成本是一样的，但是在惩罚制度中，员工会认为奖金已经是我的所得，再扣减就是损失；在激励制度中，他会认为每周的80元是奖励。人们对同等金额损失的厌恶程度，要远高于对同等金额获利的欣喜程度，所以，企业有时会巧妙地利用"损失厌恶"理论，激发员工更大的生产积极性。

经济学是一个非常有意思的学科，各个分支关注的经济现象都不一样：宏观经济学关注国民收入、整体投资和消费、经济成长；微观经济学关注单个生产者和消费者在经济生活中的行为，关注社会的方方面面；行为经济学，关注的是人的心理和具体经济行为之间的关系，用研究成果不断修正主流经济学中的各种假设。

当下享乐偏好：说好去学习，一玩游戏就停不下来

你有没有过这样的困扰？准备轻松一下再学习，先打盘游戏，或者刷一轮短视频。感觉没玩多久，一看表倒吸一口冷气，两个小时过去了，堆积如山的作业，还原封不动。

尽管内心又焦躁又懊悔，但这样的情形每天都不断发生，成年人也不能幸免。有的成年人抱怨："本来要减肥的，禁不住美食诱惑，晚上又大吃了一顿火锅。""本来想双11少花点钱的，看到几件特别喜欢的衣服，忍不住全买了，花得比去年还多。"既定的目标和计划，和实际做出来的事经常不一致。每当这种时刻，所有人都会自责说："哎！我怎么这么控制不住自己！"

自我控制，还真是行为经济学中一个重要课题。不过，经济学家更感兴趣的是人们为什么会无法自律。

跨期决策背后的非理性选择

"跨期决策"是2017年诺贝尔经济学奖得主、行为经济学家理查德·塞勒（Richard Thaler）的一项学术成果，主要结论是：人们常有长期消费或投资的需求，但往往容易在当下冲动消费。缺乏自我控制的个体，很容易做出非理性选择。

跨期决策，是对不同时间点的成本与回报进行权衡，并做出判断的一类决策。人们做跨期决策时，对于同样的消费金额，会不自觉地认为马上消费比未来消费的效用大。我通过两个问题解释：

第一个问题，假如妈妈要给你一笔零花钱，你有两个选择：一是今天领，只能拿到 200 元；二是 1 个月后领，妈妈会一次性给你 400 元，翻一倍。你会选择今天还是 1 个月后领零花钱？

第二个问题，假如妈妈跟你约定，3 个月后给你 200 元零花钱，如果你 3 个月后不领，多等 1 个月你可以拿到 400 元。你会选择在 3 个月后领还是第 4 个月领？

对这两个问题，人们的选择都是一样的吗？传统经济学家和行为经济学家对此看法截然不同。

传统经济学家认为选择都是一样，因为无论是哪个问题中的零花钱领取方案，时间差距都是相隔 1 个月，收益也相同，早领 1 个月有 200 元，晚领 1 个月有 400 元。唯一不同的是领取的时间起点：在第一个问题中，今天就可以领到 200 元；第二个问题中，3 个月后才能领到 200 元。

行为经济学家经过研究后发现，真实选择会受到心理因素影响。现实中的情况往往是，如果两个领钱时间点距离现在都很久，人们会偏向晚点领钱，多拿回报；同样回报下，如果今天马上就可以领钱，人们往往会冲动选择马上拿到钱，哪怕比未来的钱少很多。这种更看重当下的非理性决策和行为，被行为经济学者称为"当下享乐偏好"。

◆ **成语新解·动物也有当下享乐偏好**

咱们中国有个成语叫"朝三暮四"，描述的就是"当下享乐偏好"的现象。宋国有一个爱养猴子的老人叫"狙公"，他每天给每只猴子 8 个橡树果实，早上 4 个，晚上 4 个。因为养的猴子太多，家里粮食不够了，他就跟猴子说，从今天开始，我只能早上给你们每个猴子 3 个橡果，晚上给 4 个。猴子不乐意，闹了起来。他赶紧又说，那就早上给 4 个，晚上给 3 个吧。猴子立刻同意了。

看来，不光是人，动物也有当下享乐偏好。我们再回头看"控制不住自己"的问题就清晰了。我们早上制定晚上的学习和休息计划时，会理性先安排 2 小时的学习时间，再玩游戏放松半小时，这是因为制定计划时，离执行计划还有一段时间，我们倾向于先学习再游戏。但是，到了执行计划时，受当下享乐偏好的影响，我们无法忍耐先花两个小时学习再打游戏，很自然地选择先打半个小时游戏，结果打起游戏就停不下来，最后学习计划泡汤。这就是当下享乐偏好带来的问题：**计划和实施不一致**。

当下享乐偏好的另一种常见的影响，是导致"非平滑消费"，刚开始拼命花，后来越来越抠门。还是举零花钱的例子：每月刚领到零花钱时，开始那几天你是不是特别大方？请同学朋友吃零食、买玩具、打游戏买皮肤等，花得又快又爽。可是过了一两周，快没钱了，你突然抠门起来，甚至连必须要买的作业练习本都舍不得自己花钱。

成年人中类似例子，是"月光族"和喜欢"精致穷"生活的人，放大当下消费的快感，完全不考虑储蓄，甚至为了消费还去借贷。

修正：建立心理账户

我们应当如何克服不理性因素，修正自控力差的行为？行为经济学针对消费不理性的行为，提出了"自我限制"的课题，包含两个方面：

第一种是建立内在机制，俗话说的"自律"。我给大家介绍一个有趣的研究——它是行为经济学家理查德·塞勒教授的另一个理论"心理账户"。这个理论认为：人们对待自己的钱，会在心里把钱按照不同的账户，分门别类地各自计算，并不是按照总的成本和收益去计算。同样多的一笔钱，花在哪个账户上，感觉完全不同。同样是花 3 万元，去旅游是纯消费，太奢侈；如果让给孩子报各种兴趣班，他可能马上付款，因为后者在他的心理账户中属于对孩子的投资，比去旅游回报高。

钱存不下来怎么办？

第一种方法是建立三类账户。基于心理账户的理论，塞勒建议，人们可以把自己的个人收入分别存入现金账户、资产账户和未来账户。用于消费的钱归于现金账户，用于投资的钱归于资产账户，而用于未来必须消费的钱归于未来账户。当现金账户的钱消费完，就告诫自己，不要去碰投资账户或者未来账户的钱。这个方法，可以在一定程度上解决"钱总存不下来"的自控问题。

第二种方法是建立外在机制，靠外力强制自身行为。比如学习时做每日任务打卡；把打游戏作为学习结束后的奖励，连续打卡越多，获得玩游戏的奖励时间就相对越长；也可以和小伙伴约定在一定时间内督促彼此完成一项学习任务，没有达到目标的一方要请另一方吃零食等。

成年人的世界里也有很多这样的外在机制。有人为了减肥，会报很贵的私教课程，花钱花到肉疼，请教练督促，倒逼自己规律健身。

还有更有意义的一种外在机制。中国处于严重的人口老龄化阶段，很多像你父母一样的中年人，都担心退休后不够钱花，一个合理的外在强制机制就是每月把一定额度的钱存为养老年金，退休后，按年按月领取退休金生活费。离退休还有二三十年，坚持储蓄，会有比较可观的退休金。等到55岁或60岁退休时，按照理性时设定的机制，未来慢慢按期拿退休金，通过外在强制机制，避免了当下享乐偏好对退休金的侵蚀。

每种金融产品的发明提供的不仅仅是投资收益，从行为经济学角度，更会提高人生效益。希望你们也能开动脑筋，找到更多适合自己的方法，借助更多外在的工具和机制，成功克服自我控制不足的非理性问题。

3.

过度自信：我就是股神

你们有没有遇到过这些情况：一种情况是明明考试的时候感觉良好，结果成绩出来比自己估计的差很多。另外一种情况恰恰相反，感觉自己考砸，成绩出来还不错。

我的一位朋友有过类似经历。他读书时有一次数学考试特别难，所有同学考完后都觉得没底，一个平时数学成绩特别好的朋友，感觉自己考砸了，大哭了一场。看见他这么伤心，我的朋友顾不上自己，忙着安慰他。结果成绩出来，那个大哭一场的同学成绩不仅不错，还因为其他人考得不好，班里排名上升了好几位。我的朋友真的没有考好，只能苦笑：到底是谁该安慰谁？

无论是第一种情况还是第二种情况，都是当事人对自身判断产生巨大偏差，过度自信或者过度自卑的结果。

心理学家研究发现，人们因为受到自己的信念、情绪、偏见和感觉等主观因素影响，常常会过度相信自己的判断能力，因为一次偶然成功而高估自己的个人能力或成功的概率，也会高估自己获得的私人信息的准确性和有效性。这种现象叫作**过度自信**，是行为经济学研究的重要课题之一。

人的心理机制如何触发"过度自信"？心理学家给出了几个解释：一是人们更容易记得自己成功的经历，淡忘失败的经历，主观上会认为自己的成功比失败多。另一个解释是，世界上大多数事情是随机的，成功也一样。但是，大多数人成功后会有意无意地忽略这一点，把成功归因于自己知识比别人丰富，高估自身能力。

赌博彩票、开盲盒就充分利用了人们过度自信的心理，彩票实际中奖率非常低，但人们看到身边的人或新闻中有人中奖，就过度自信，高估自己的中奖概率。有人因为偶然中奖，坚定觉得自己中奖不是随机事件，而是因为独家算法超越常人，加大预算购买，结果把奖金也亏进去，为未来的倾家荡产埋下伏笔。

误区：把随机概率归功于自己的实力

回到现实生活中，过度自信的影响也体现在金融交易行为上。以炒股为例，中国股市有一句俗话："七赔二平一赚。"这句话的意思是，假设做10次股票交易，有7次赔钱，2次可能不赔不赚，只有1次能赚钱；另一种解释是，10个投资者，有7个投资者赔钱，2个能保本，只有1个能赚到钱，赚钱的概率最多10%。

现实生活中，总能见到不少好为人师的业余投资者，喜欢夸夸其谈。

第一种是"运气型业余投资者"。他们交易两三次就赚到一次钱，开始过度自信，以为自己的炒股实力真的比别人厉害，"七赔二平一赚"到自己这里不管用了，开始沾沾自喜。

第二种好为人师的业余投资者，我称为"鸡血型业余投资者"。他连10%的赚钱概率都没达到，却给自己的失败找借口：没赚到钱是自己经验太浅，我只要不断积累，等我投资策略成熟，我一定能赚到钱。

这两种业余投资者，都把股市中10%的随机成功概率，有意无意归功于自己傲人的实力和运气，把自己包装成炒股大咖，教人炒股。

学员之所以会去听这些所谓的炒股课程，也是"过度自信"的心理作祟，觉得学到他人经验，自己就能短期复制，马上成功。殊不知，讲师的随机成功经验根本无法复制；何况炒股课程的导师，大多是业余投资者。

修正认知：系统收集数据

行为经济学家理查德·塞勒教授提出："人们之所以过度自信，是因为他们从来不花力气去记录自己过去所做的错误预测，避免过度自信的唯一方法就是系统地收集数据，尤其是那些能够证明你是错误的数据。"[1]

回归理性的方法很简单：下死功夫，记录客观数据。但是，人类的思维并不善于处理统计数据，当发现有均值回归的现象时，人们就习惯在记忆里搜索一些其他相关因素，强行用因果关系解释波动，均值回归只能用来解释结果本身，却无法解答发生这种结果的原因[2]。

人们之所以强行用因果关系解释随机波动，大概是因为无序和随机代表未知，未知带来恐惧。如塞勒所言，若你每次把数学考试的错题和分数全部记录下来统一分析，你会发现数据越来越多导向一个规律，无论你的正确率如何变化，最终总是围绕着一个均值上下波动，这个现象就叫均值回归[3]。

你可能会问，这是让我对人生产生努力无用的虚无主义吗？不是。回归均值，只是让我们不要相信短期的好运气，不要相信创造成功和财富的"神"。今天的均值往往是过去长期努力积累起来的结果，正常的情况是，如果真的持续记录所有的成绩数据，你会发现成绩跟考试当天的运气关系不大，反而和自己长期投入在学习上的时间关系比较大。

同理，市场上大多数的投资短期培训班之所以无效，是因为根本不可能通过短短几堂课成为投资专家。想成为一个合格的基金经理，至少需要10—20年的积累时间。

---

[1] 塞勒. "错误"的行为. 王晋, 译. 北京：中信出版社, 2016.

[2] 卡尼曼. 思考，快与慢. 胡晓姣, 李爱民, 何梦莹, 译. 北京：中信出版社, 2012.

[3] 均值回归现象，是由19世纪著名学者弗朗西斯·高尔顿发现并命名的。高尔顿的另一个身份，是著名的生物学家、进化论奠基人达尔文的表哥。

喜欢就要拥有：想当机长就要买飞机？

深圳的 7 岁小同学逸轩给我提了一个问题。他非常喜欢飞机，尤其喜欢空客 A380 大型客机，还让爸爸妈妈买了飞行模拟器。他长大想当机长，买一架自己的飞机，要如何实现呢？

如何达成长期目标的思考和实践，将会伴随我们一生，它不仅属于孩子，也属于成人。

目标分解一：当机长开飞机

逸轩的目标有两个，第一是想当机长开飞机，第二是想买一架自己的飞机。

咱们先聊聊第一个目标——当机长。机长是飞机上权力最大的人，整个机组成员包括副机长、空姐、空少以及乘客都得听机长的。按照国际规定，只有取得飞机驾驶资格证之后，才有机会成为机长。

机长是一个职位，也是一种身份等级，当机长首先得是飞行员。飞行员，除了民航飞行员以外，还有空军飞行员、私人飞机的飞行员等。不管哪种类型的飞行员，都要经过长时间的学习和训练才能上岗，尤其是民航和空军飞行员，训练难度非常大。军事飞行员好比职业赛车手，执行的任务更加危险，需要的飞行技巧也更高。私人飞机的飞行员就好比私家车司机，起码要保证技术过关，对自己对别人都负责。民航飞行员就好比大客车的司机，要负责整辆客车上乘客的安全。机长责任非常重大，一趟航班起码要承载 100 多个乘客；如果是 A380，加上机组人员有 500 多人。不管是乘客还是乘务人员，都相当于把自己的生命安全交到机长手上，机长承担的压力可想而知。

在我国，考上开设飞行技术专业的大学，且顺利毕业，才有可能成为民航飞行员，表现出色可以成为机长。我国目前有 2700 多所本科大学，开设飞行本科专业的不足 20 所。排名前几名的院校分别是：中国民用航空飞行学院、北京航空航天大学、南京航空航天大学、中国民航大学等。其中，中国民用航空飞行学院是世界上规模最大的飞行训练高校，也是民航界的黄埔军校，中国有 80% 的民航机长都来自该校。

要想成为一名民航机长，必须学习成绩优秀，对身体条件要求也很高：体态不好，含胸驼背不行；近视远视不行；身体有明显疤痕也不行。如果逸轩同学有志成为一名飞行员，现在就要开始努力了。特别注意玩游戏要克制。一旦视力下降，飞行员梦想就离你远去了。

分解目标二：买飞机

我们再来看看逸轩同学的第二个目标：买一架飞机。

我们瞧瞧那些达成"买飞机"目标的是哪些人——随手在网上搜一搜就会发现基本上是国际级的首富和商界大亨。比如，世界上最贵的私人飞机是当年俄罗斯首富罗曼·阿布拉莫维奇（Roman Abramovich）买下来的，据说折合人民币 65 亿元。阿布拉莫维奇是俄罗斯石油公司及英超顶级俱乐部切尔西的老板。足球明星 C 罗也拥有私人飞机，价值 1.6 亿元。中国也有富豪拥有私人飞机，如京东创始人刘强东、香港富豪李嘉诚等，他们的私人飞机价值约 3 亿—4 亿元。

如果你的目标是买一架私人飞机，首先就要成为一名富豪。但能否成为一名富豪，是无法规划的。这些富豪发家之路各异，共同特点是非常努力：阿布拉莫维奇出身贫寒，曾经创办过 29 家公司，前半生辛苦创业；C罗出身贫寒，他从小就比别人训练刻苦，虽然现在已经是亿万富豪，但为了保持身体状态，每天做 3000 个仰卧起坐，坚持不喝可乐；刘强东小时候穷得连鞋都穿不上，大学创业也很不顺利；李嘉诚从卖塑料花开始，在商业道路上披荆斩棘，终于成为香港首富。

我们能规划的，只有自己的努力。即便很努力，99% 的人都无法成为富豪。我们应该树立的目标是找到自己的兴趣和方向，长期努力，至于能不能成为富豪，就交给命运来决定吧。

误区：喜欢，就一定要拥有

个人要购买飞机是一个很有难度的目标。喜欢飞机，就一定要买下来吗？我觉得有必要引入一个概念，就是资产的拥有权和使用权。

字面意义很好理解，拥有权就是指这个资产是你的，使用权就是你有驾驭和享用资产的权利，但这个资产不一定属于你。一般来说，一个人拥有资产，也就拥有了自由使用的权利。但实际上，李嘉诚、刘强东、马云也没有成为专业的飞行员，尽管他们拥有飞机，也没有办法想开就开、想飞就飞，恐怕和逸轩同学的梦想还有一定差距。同时，世界上 99.9% 的机长，恐怕都没有拥有私人飞机，他们却能够在天空翱翔。

两个梦想似乎相互矛盾。

人家应该换一种思路，把资产的拥有权和使用权完全分开。比如说满大街的共享充电宝、共享单车，使用者也并没有拥有这些资产，一个人买了充电宝也可能忘在家里，还不如街上随时几块钱租用共享充电宝。有时候使用权比拥有权更重要。

我鼓励孩子从小了解一些金钱知识。接受过真正的财商教育的人，一般不会把拥有某个资产作为自己的目标，而是知道自己需要的是什么，并量化出来。比如说，很多人说自己的目标是买房子，其实我们期待的是有一个能让一家人共同居住的场所,与家人享受在一起的美好时光。如果暂时买不起房,租房也能达到这个目标,没有必要执着于倾尽所有去买房。

但是,大多数人在思考投资和资产问题的时候,往往忘掉初心,以拥有更多的财富、更多的资产为目标。不断追求资产数量的增长,只会让自己更加焦虑。从整个社会而言,也会造成资源浪费。我深信,未来的世界,大家一定可以根据自己想要的生活方式,拥有资产的使用权,而不是一定追求资产的所有权。

5.

幸福的经济学：钱越多就越幸福吗？

我们在第二课曾经聊到年轻人喜欢的球鞋。

我是1984年读的小学，39年前，当时的我没有运动鞋，穿着一双布鞋上体育课；中学时，我拥有了第一双没有品牌的运动鞋，无比开心；大学时，我用做家教赚的钱，买了人生第一双耐克运动鞋，当时的幸福感至今还记忆犹新。

你们的鞋柜里可能有很多双运动鞋，当拥有这些运动鞋时，你感到幸福吗？

从1984年到2022年，孩子的鞋，从一两双变成了四五双，有的甚至近十双，每一种运动都有相应的运动鞋。

1984年，中国的人均可支配收入是400多元，

2022年，中国的人均可支配收入是3.69万元，

从1984年到2022年，我们的人均可支配收入增长了约87倍。

运动鞋只是一个很小的侧面，当你拥有更多运动鞋时，你反而没有幸福感。这几十年我们的物质生活有了翻天覆地的变化，很多成人却更焦虑，幸福与收入的增长并没有成正比，这是为什么？

美国南加州大学经济学教授理查德·伊斯特林（Richard A. Easterlin）提出过一个"幸福—收入悖论"：在某一时间点，无论在国家内部，还是在国与国之间，幸福与收入都成正比变化；然而，随着时间的推移，幸福感的变化趋势与收入的变化趋势，并不呈正相关关系。

误读幸福：两个"抠神"的故事

很多人都有一个误区：钱能带来幸福和安全感。曾经有一个话题登上微博热搜："女子毕业9年抠出两套房"。

这个热门话题的主角王神爱，平日里极度节俭，过着近乎苦行僧一样的生活。她从不与同事聚会；每年买衣服开销不超百元；日用品基本靠抽奖；交通费全靠领券，每月储蓄率高达90%，毕业9年就已经贷款在南京买了两套房。

她接受了某个节目的采访，但是节目片段因为网络碎片化传播，网友们把注意力聚焦在她"衣服捡朋友的，最大的快乐就是抱着存钱罐数钱，将买房意愿刻进DNA"。

王神爱自己的解释是，自己因为小时候家庭条件匮乏，极度缺乏安全感，才特别抠门，她的安全感来自存钱和买房。如今，她已经买下了两套房，实现了愿望的她真的找到了安全感吗？恐怕未必。

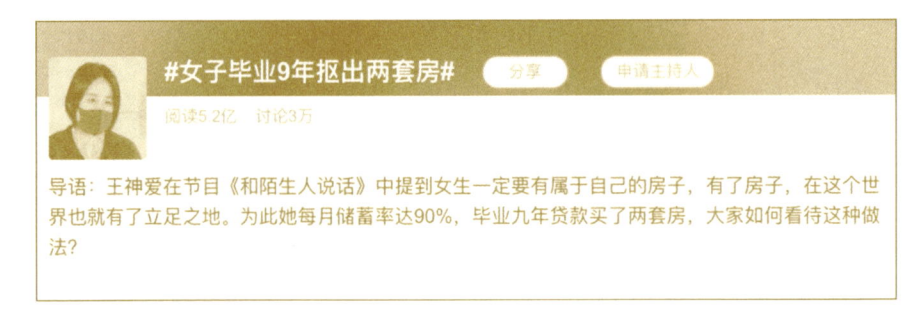

"女子毕业9年抠出两套房"热搜

再看另一个"抠神"的故事。

日本有一位72岁老人，叫桐谷广人，年轻时是一位知名围棋手。当时，有证券公司请他教员工下棋，他机缘巧合之下学会买股票。短短五年，他通过炒股攒下近3亿日元，成了当时日本围棋界的理财高手，手握将近1000家公司价值3亿日元（约1934万元人民币）的股份。

真正让桐谷火出圈的，是他的极简生活方式。过去30多年里，他每天除了衣食住行以外，必做的一件事就是炒股，看着自己分散投资的上千只股票在资本市场的波动中整体上涨。

在这期间，他几乎没有花过自己的一分钱现金，而是靠投资这1000多家公司股票所获得的"优惠券"生活[①]。这些优惠券种类丰富，柴米油盐、衣服、鞋子、图书、杂志应有尽有，甚至连外出用的单车与背包都可用优惠券免费换来。这种"零消费"的生活持续了30多年，他经常中午去意大利餐厅吃饭，下午再去健身房锻炼，健完身再到电影院里强忍睡意看完一部电影。

他说自己并非真正喜欢这样的生活。他的生活节奏，从35岁开始，就被"要过期的优惠券"控制了。他说，"如果能找到爱的人，过上幸福的生活就好了。"

两个"抠神"都陷入了"收入越多，幸福感越强"的误区。

更加关注人的经济学

为什么两位抠神执着于钱带来的安全感？因为传统的经济学理论，有一个基本的结论是：当收入越高时，幸福感就越强。从企业到政府，都以更高的GDP为追求目标。

传统经济学，只有"理性人"假设，并不太关注现实世界中真实的"人"。以行为经济学为代表的新经济学领域，开始更重视心理因素对经济行为的影响。例如"当下享乐偏好"一节中提到的，如果我们是理性人，花钱时我们会有规划；但是无论是孩子还是成年人，都会放大当下消费带来的快感，不考虑长远，甚至为了当下消费还去借贷。

---

① 日本股票市场有"股东优待制度"，当股民投资股票达到一定金额后，企业就会送出自家礼券或产品以示感谢。

在"过度自信"一节中，我们也提到，如果我们是理性人，会对自己的作为进行恰当评估；现实中的人却常常对自己有认知偏差，在金融市场上的表现就是，很多股民都因为一时运气，认为自己是"股神"再生。

行为经济学关注的是人们如何做出决定。他们认为人并不是绝对理性的，而是"有限理性"和"非理性"的。当我们了解并接受了人的非理性行为，就能更好地接纳自己，也能理解自己的反常行为，从而努力建立机制去规避。

当行为经济学把目光从经济市场转向"人"，证明了心理影响对经济行为的重要性后，就为另一个经济学派——幸福经济学的合法性打下基础。

1970 年后，积极心理学建立，致力于了解普通人情绪健康的影响因素。积极心理学的研究，也给了经济学家更多的数据支持。吸纳了积极心理学研究成果的经济学家发现，收入的增加不能持续带来幸福感的增加。

伊斯特林在《幸福的经济学》中提出，个人幸福主要取决于三种情况：经济状况、家庭生活和健康状况。但是，社会比较会大大影响个人的幸福感，当你发现虽然自己的鞋增加了，但别人的鞋更多、更有个性时，你的幸福感也随之消失。虽然收入在这 38 年里增长了 87 倍，但当你感觉到其他人的收入增长更多时，你可能会更焦虑。

如果收入增加不能带来幸福感的增加，为什么我们还要拼命追求收入的增加？作为个人，我们是不是应该更关注家庭生活、健康状况？经济学家又发现，失业会让幸福感骤减，政府是不是应该不再过度追求 GDP 的增长，而是把公共政策的重点放在降低失业率、提升安全感上？

从传统经济学到行为经济学、幸福经济学，经济学逐渐从对市场的研究，深入到对"人"的研究，对人类幸福感、人类未来的研究。

幸福：跨学科的终极追寻

作为本书的最后一节，我们在这里探讨的已经不仅是经济学的问题了。

幸福，是一个跨学科的领域。

著名经济学家保罗·萨缪尔森（Paul A. Samuelson）在《经济学》前言中曾经说过，现代社会有很多人激烈反对经济增长，认为所谓GDP根本无足轻重，只不过是国民总污染（"污染"的英文单词也是P开头）。

经济成长时，我们确实看到越来越多的烟囱，越来越多的废气排放，越来越多的生物灭绝。难道GDP代表国民总污染？社会的发展应该以人们的幸福作为最终的目标。

今天所谈的，无论是消费主义还是节俭主义，毫无疑问他们的目标是更幸福。有些国家，例如尼泊尔，曾经把国民幸福总值作为国家发展的目标，但是幸福很难度量，会因为被调查对象当时的心情产生巨大差异，以至于根本无法形成像GDP一样稳定的衡量标准。

人类就是这样，同样的事情在不同年代带给我们的幸福感完全不同。既然不能类比，又怎么提高大家的幸福值呢？

到目前为止，我们依然解释不清楚这个问题。在生物学意义上，人的幸福很简单，无外乎饮食男女；在社会学意义上，我们要想获得幸福，就需要跟别人发生关系，例如友情、爱情、亲情等；在经济学意义上，我们要学会驾驭自己的资源，达致自己想要的人生目标。目标本身或许不重要，这种驾驭资源达至目标的挑战和过程中，给我们带来的安全感，或许才是幸福的本质。

这个问题没有答案，但是对它的思考永远都有意义。这也是本书给大家提出的最终极的问题，希望每一个孩子都能带着思考在寻找过程中感受人生的幸福。

后记 Afterword

当您看到此页，我总算把这份心血全部呈现给您了。

这本书的出版确实很不容易。当您看到这一页的时候，我为期三年的财经小课应该已经停止更新了。三年时间，大概有 150 多周，每周更新一期。坚持下来，虽然比那些靠创作为生的大家差得远，但也算是小小的成就。

这本书出版如此之难，是因为小课内容大多来源于小学员天马行空的问题，很难从中梳理出一个好的框架。

希望孩子读完这本小书之后能够有所得。到底该得什么呢？我给家长提几个观察建议。

如果孩子读完了这本书，会睁着大眼睛跟你讨论书中的某些身边的小事，会给你说出几个前沿的经济学名词，偶尔听到时政新闻会从经济学的视角出发讨论，那就说明，孩子有了一定的经济学思维，对这方面颇感兴趣。

但是这本书显然不可能确保让孩子未来走上经济研究的道路。如果孩子已经上了中学，真的对经济学本身感兴趣，家长可以去找一些科普版的

后记

经济学著作，比如说科普版的亚当·斯密《国富论》、华裔经济学家张五常的《卖桔者言》《经济学解释》、曼昆的经典经济学教材《经济学原理》、萨缪尔森的《经济学》等，让孩子建立更加严格的经济学框架。

说到底，这本书最多是让孩子用经济学视角思考世界的引子，其他什么也做不到。但这种思维的方式只要能够生根发芽，孩子就能够一生受益。

这本书能够出版，最应该感谢的是我的太太胡屏。作为一个喜欢高谈阔论的理科生，我虽然每节课都试图讲清楚一个问题，但是串起来实在难以成书。多亏我太太不断完善框架，编辑文字，让我知道一本书的出版是多么困难。

还要感谢这三年来收集素材、录音编辑的小伙伴唐诗淼、郑志鹏、陈嘉儿、王白石、陈国斌、唐耿峰、梁楚扬，感谢黄文、温安娜、郑松冰为本书绘制插画，谢谢我的好朋友春晖对文章的润色；更要感谢南方日报出版社的编辑老师，没有他们的督促，这本书不可能出版。

最后的最后，要感谢三年来，全国数千名一起上课的孩子，是你们让我坚持下来。你们的提问让这本书有了真正的灵魂，也希望你们这三年能有所得。

孙明展

2023 年 8 月